Certificazione di Italiano Lingua Straniera

percorso CILS cittadinanza

B1

Emanuela Paciotti
Paolo La Gamma

Edizione aggiornata

manuale di preparazione e approfondimento

AUDIO

audio scaricabile
www.ornimieditions.com

ornimi
EDITIONS

Paolo La Gamma. Dopo aver conseguito la laurea specialistica in Lingue e Culture Afro-Asiatiche nel 2007 presso l'Università Alma Mater Studiorum di Bologna, nel 2008 ha iniziato a occuparsi dell'insegnamento dell'italiano a immigrati.

Nel 2009 ha conseguito la certificazione DITALS II rilasciata dall'Università per Stranieri di Siena e ha ottenuto il CLTA (Certificate in Language Teaching to Adults) presso International House-DILIT di Roma.

Poco dopo ha completato la sua formazione con il master ITALS di II livello dell'Università Ca' Foscari di Venezia, all'interno del quale ha svolto una ricerca-azione sulle strategie di complessificazione dell'interlingua con studenti adulti anglofoni.

Dal 2010 insegna italiano a Londra ad adulti. Proprio a Londra, dal 2013, dirige la scuola che ha fondato: Happy Languages.

Dal 2014 è formatore DITALS e somministratore CILS. Nello stesso anno ha iniziato una serie di seminari itineranti per insegnanti di italiano in Italia, dapprima con il titolo "Le Parole Sono Importanti", successivamente "Tutti Giù Per Terra". I principali argomenti della sua ricerca sono l'uso della fotografia, del video e dei social network in classi di adulti e la didattica in movimento.

Emanuela Paciotti ha conseguito la laurea specialistica in Filologia Cinese nel 2009 presso l'Università La Sapienza di Roma.

Dopo una prima esperienza di insegnamento a Roma con studenti immigrati, si è trasferita a Londra, dove ha iniziato a lavorare con adulti .

Si è specializzata nell'insegnamento dell'italiano a stranieri ottenendo le certificazioni DITALS I e DITALS II dell'Università per Stranieri di Siena.

Successivamente ha completato il Master ITALS I dell'Università Ca' Foscari di Venezia, pubblicando sul Bollettino Itals un estratto della tesi di laurea sull'uso della didattica ludica in classi di adulti. Proseguendo nella formazione, nel 2018 ha completato il Master ITALS II. Nell'ambito di un progetto di ricerca del Post Master ITALS, ha pubblicato, sempre sul Bollettino Itals, un articolo sulle variazioni linguistiche e di genere nei manuali di italiano come lingua straniera.

Dal 2015 è esaminatrice CILS e si dedica alla preparazione degli studenti per tutti i livelli dell'esame di certificazione.

Inoltre, nel 2016 è diventata formatrice DITALS e, da allora, si occupa anche della formazione di insegnanti di italiano.

Redazione: **Giacomo Paolo Giorelli**
Impaginazione e progetto grafico: **ORNIMI editions**
Foto: **Shutterstock**

© 2021 ORNIMI editions
7ª ristampa (Edizione aggiornata a cura di Sara Giovinazzo): novembre 2025
ISBN: 978-618-84927-7-6

ORNIMI editions
Lontou 8
10681 Atene
T. +30 210 3300073
www.ornimieditions.com/it

L'Editore è a disposizione degli aventi diritto che non è stato possibile rintracciare e per eventuali omissioni o inesattezze. Tutti i diritti di traduzione, memorizzazione elettronica, riproduzione e di adattamento parziale o totale, tramite qualsiasi mezzo (digitale o supporti di qualsiasi tipo), di quest'opera, sono riservati in Italia e all'estero.

Premessa

Percorso CILS B1 CITTADINANZA
Manuale di preparazione e approfondimento

Percorso CILS B1 CITTADINANZA è un manuale, pensato e realizzato per essere usato sia in **autonomia** sia in **classe**, che offre una **panoramica** completa dell'esame e consente di conoscerne la **struttura** e le **strategie** di svolgimento.

Questo vuole essere un libro utile per conoscere, attraversare e superare l'esame di lingua italiana per stranieri CILS.

Il titolo scelto rispecchia l'unicità di questo manuale.

Perché la parola percorso nel titolo?

L' uso della parola percorso è un uso figurato che vuole rappresentare l'evoluzione, il processo di graduale avanzamento e trasformazione in cui lo studente è guidato tra le pagine del volume. Questi elementi rispecchiano la struttura scelta e adottata nella preparazione di questo manuale. Qui lo studente è guidato gradualmente e per step alla conoscenza della struttura, delle tempistiche, dei contenuti e alla scoperta delle diverse prove d'esame.

I testi proposti sono stati scritti o adattati rispettando quelle caratteristiche necessarie, definite dal *Quadro Comune Europeo di Riferimento*, che definiscono un testo adatto ad un livello B1, tra queste ci sono:

- il numero di parole e la lunghezza complessiva del testo;
- le diverse tipologie testuali presenti nelle prove d'esame (testi espositivi, informativi, regolativi…);
- l'uso del lessico previsto per il livello B1;
- la considerazione delle diverse strutture richieste in ricezione e produzione al livello B1.

Con il rispetto di questi criteri nella produzione di testi originali e unici, gli studenti, e i docenti, sono guidati gradualmente alla preparazione e all'approfondimento dell'esame a piccoli passi attraverso un manuale strutturato in modo semplice, ma al contempo in modo completo e **versatile**, che si adatta al contesto classe, ma anche all'autoapprendimento.

Questa struttura comprende **4 macrosezioni**:
- **Introduzione**
- **Unità tematiche**
- **Quaderni d'esame**
- **Appendice grammaticale**

Introduzione

L'introduzione è il primo passo verso la preparazione dell'esame ed è stata pensata per fornire una conoscenza teorica attraverso la presentazione degli elementi che si ritengono necessari, tra questi si trovano:

- la presentazione dell'esame CILS B1 Cittadinanza;
- le tempistiche e le modalità di svolgimento delle singole prove;
- i contenuti richiesti al livello B1 con la presenza di un sillabo grammaticale che rispecchia le indicazioni fornite dal Quadro Comune Europeo di Riferimento;
- alcuni consigli che si ritengono utili sia per i docenti che per gli studenti;
- un'utile presentazione dei criteri di attribuzione dei punteggi.

Unità tematiche

Questa sezione è la parte centrale del manuale ideata in modo innovativo proprio per rispondere alla necessità di un libro utilizzabile in autoapprendimento, ma al contempo in un contesto classe. L'unicità di questa sezione è data dalla presenza di dieci unità tematiche che riprendono la struttura e la tipologia delle prove dell'esame B1 modulo cittadinanza.

Quaderni d'esame

In questa sezione lo studente può esercitarsi con tre quaderni d'esame completi. La scelta di inserire i quaderni d'esame completi, dopo la presentazione generale dell'esame e della scoperta guidata alle prove, rispecchia il graduale avanzamento che caratterizza questo volume.

Appendice grammaticale

Questa sezione include delle schede grammaticali utili per approfondire i contenuti principali dell'esame B1 modulo cittadinanza.

A completamento del volume sono presenti:

- le soluzioni delle prove delle sezioni di Ascolto e di Lettura e riflessione grammaticale;
- le trascrizioni delle prove d'ascolto;
- uno spazio online dove è possibile scaricare le tracce audio.

- INDICE
- PREFAZIONE
- COS'È L'ESAME CILS B1 CITTADINANZA E A CHI SI RIVOLGE
- SILLABO - STRUTTURA D'ESAME
- CONSIGLI PER INSEGNANTI
- CONSIGLI PER STUDENTI
- CRITERI DI ATTRIBUZIONE DEI PUNTEGGI

percorso CILS B1 cittadinanza

Prefazione: cos'è l'esame CILS B1 cittadinanza e a chi si rivolge	8
Sillabo	9
Struttura dell'esame	10
Consigli pratici per insegnanti	14
Consigli pratici per studenti	17
Criteri di attribuzione dei punteggi	21
Unità 1 – La famiglia	23
Unità 2 – La città	33
Unità 3 – Il lavoro	43
Unità 4 – La scuola	53
Unità 5 – Il tempo libero	63
Unità 6 – L'ambiente	73

INDICE

Unità 7 – La sanità   83

Unità 8 – La lingua italiana   93

Unità 9 – La comunicazione oggi   103

Unità 10 – L'Italia nel mondo   113

Esame 1   123

Esame 2   135

Esame 3   147

Appendice grammaticale   159

PREFAZIONE

La legge 1° dicembre 2018 n.132 ha stabilito che per presentare la richiesta di passaporto italiano è necessario ottenere una certificazione linguistica di livello non inferiore al B1 del QCER.

Ciò significa che il richiedente deve essere in grado di:

- utilizzare la lingua italiana in situazioni comunicative quali la vita personale, pubblica, l'ambito formativo e lavorativo;
- comprendere un discorso chiaro in lingua standard;
- leggere testi su argomenti quotidiani e familiari;
- produrre testi scritti e orali efficaci dal punto di vista comunicativo, pur se contenenti errori.

Il Centro CILS dell'Università per Stranieri di Siena ha introdotto, dalla primavera del 2019, un esame apposito denominato CILS B1 Cittadinanza.

Questo esame è valido solo ai fini dell'ottenimento della cittadinanza italiana, ma non è spendibile a scopi lavorativi o accademici.

La struttura d'esame risulta semplificata rispetto all'esame B1 standard.

Inoltre, rispetto al B1 standard, l'esame B1 Cittadinanza non è capitalizzabile: ciò significa che il candidato deve superare tutte le sezioni d'esame.

Nel caso in cui non raggiungesse il punteggio minimo in una o più sezioni, dovrebbe ripetere l'intero esame.

In questo volume ci occuperemo proprio della preparazione dell'esame B1 Cittadinanza.

Come è strutturato il libro e a chi si rivolge

Il libro si rivolge a studenti di livello A2-B1 che vogliono prepararsi a sostenere l'esame.

Inoltre, vuole essere uno strumento per gli insegnanti che supportano i propri studenti nella preparazione e fornire materiali adeguati per guidarli verso l'ottenimento della certificazione.

La struttura del libro si basa su 10 unità tematiche.

In ciascuna unità, lo studente potrà approfondire argomenti rilevanti ai fini dell'esame e praticarli attraverso diverse attività di lettura, ascolto, produzione scritta e orale che ricalcano le prove d'esame.

Inoltre, troverà utili consigli sulle strategie da mettere in atto per affrontare ciascuna attività.

In appendice, c'è una sezione relativa agli argomenti inclusi nell'esame.

Alla fine del libro, inoltre, ci sono tre modelli d'esame che riproducono esattamente la tipologia di prove che il candidato deve sostenere.

I modelli includono la trascrizione degli ascolti e le soluzioni delle prove.

SILLABO

I principali argomenti grammaticali presenti nell'esame e sui quali il candidato deve concentrarsi sono i seguenti:
- genere e numero dei nomi;
- articoli determinativi e indeterminativi;
- numeri cardinali e ordinali;
- posizione dell'aggettivo qualificativo;
- aggettivi qualificativi: grado comparativo e superlativo;
- pronomi personali: forme toniche e forme atone, pronomi riflessivi;
- pronomi relativi;
- aggettivi e pronomi possessivi, dimostrativi, interrogativi;
- aggettivi e pronomi indefiniti *ogni, ciascuno, nessuno, qualche*;
- preposizioni articolate;
- coniugazione della forma attiva e riflessiva dei verbi regolari, dei verbi modali e dei verbi *dare, fare, stare, andare, potere, sapere, bere, dire, venire* nei seguenti modi e tempi:
  - indicativo presente;
  - indicativo passato prossimo;
  - indicativo imperfetto;
  - infinito presente;
  - imperativo;
  - condizionale presente;
- *si* impersonale;
- più frequenti avverbi qualificativi, di tempo, di quantità, di luogo;
- la frase semplice: proposizioni dichiarative, interrogative, esclamative, volitive con l'imperativo e il condizionale;
- la frase complessa: proposizioni coordinate copulative, avversative, dichiarative;
- la frase complessa: proposizioni subordinate oggettive implicite, proposizioni temporali, causali, dichiarative, relative esplicite.

Competenza pragmatica
Il candidato è in grado di interagire usando vari atti linguistici ed espressioni più frequenti del registro neutro.
Riesce, inoltre, ad attenersi alle regole di scambio sociale e comunicativo relative alle situazioni comunicative in Italia.

Lessico
Il candidato deve comprendere testi che includono il Nuovo Vocabolario di Base della lingua italiana e una parte di vocabolario comune (fino al 5%).
Nella produzione, deve essere in grado di usare il vocabolario fondamentale e quello ad alta disponibilità.

STRUTTURA DELL'ESAME

L'esame CILS B1 Cittadinanza comprende quattro sezioni ed è così strutturato:

• Test di ascolto	2 prove	circa 20 minuti
• Test di comprensione della lettura e riflessione grammaticale	2 prove	40 minuti
• Produzione scritta	1 prova	40 minuti
• Produzione orale	presentazione guidata +1 prova	circa 5 minuti

La produzione orale viene registrata e inviata al Centro CILS dell'Università per Stranieri di Siena per la valutazione.

Test di ascolto

Il candidato è in grado di comprendere il significato globale e le informazioni principali di testi parlati che riguardano argomenti quotidiani.
La tipologia di ascolti comprende dialoghi tra due parlanti nativi o monologhi su argomenti attinenti alla sfera personale e pubblica, all'educazione e al lavoro: si può trattare di conversazioni telefoniche, trasmissioni radiofoniche, istruzioni e molti altri generi.
I testi sono registrati in studio e presentano la varietà dell'italiano standard a una velocità media.
La prova ha una durata di circa 20 minuti.
Le istruzioni sono incluse nella registrazione, così come i tempi totali per svolgere le prove e copiare le risposte nel foglio delle risposte.
Il candidato ascolta i testi due volte: tra i due ascolti sono compresi 2 minuti per leggere la prova, mentre, alla fine del secondo ascolto, ci sono due minuti per controllare le risposte.
Al termine del secondo ascolto sono previsti, inoltre, 2-3 minuti per copiare le risposte nel foglio delle risposte.

Esempio parziale della prova n.1

1. Anna si lamenta con il cameriere perché
   a) non le piace la pizza.
   b) la pizza è sbagliata.
   c) ha aspettato mezz'ora per la pizza.

Il candidato deve scegliere una sola risposta fra le tre opzioni date.
Le frasi da completare sono 6.

Esempio della prova n.2

Il candidato ascolta due testi e deve decidere se le 12 informazioni, relative ai due ascolti, sono VERE o FALSE.

STRUTTURA DELL'ESAME

	V	F
1. I clienti del supermercato "Futura" possono ordinare la spesa online.	○	○
2. I clienti possono ordinare la spesa telefonicamente e andare a prenderla al supermercato	○	○
3. È possibile acquistare libri e quaderni.	○	○
4. I clienti non pagano la consegna a casa con una spesa superiore ai 50€.	○	○
5. I clienti possono ricevere la spesa a casa durante il fine settimana.	○	○
6. I clienti che suggeriscono questo servizio del supermercato a un parente ricevono uno sconto.	○	○
7. L'asilo comunale di Sora è aperto da due anni.	○	○
8. I bambini hanno spazi interni ed esterni.	○	○
9. Le famiglie possono fare domanda via e-mail.	○	○
10. È necessario presentare il certificato di nascita del bambino.	○	○
11. Le famiglie con minore disponibilità economica hanno più possibilità di ottenere un posto.	○	○
12. È possibile contestare la decisione del comune.	○	○

Test di comprensione della lettura e riflessione grammaticale

Il candidato è in grado di comprendere il significato globale e le informazioni principali contenute in testi scritti con struttura chiara e lineare che riguardano argomenti quotidiani.
Tali testi possono essere lettere, e-mail, articoli di giornale, regolamenti, istruzioni o testi di altro genere tratti da giornali, riviste, web o manuali e adattati al livello B1.

Esempio parziale prova n.1

Leggi il testo.

"Come iscriversi all'Università degli Studi di Bologna
Per le Lauree e Lauree Magistrali a ciclo unico è richiesto uno dei seguenti titoli:
diploma di maturità quinquennale;
titolo estero valido.
Per le Lauree Magistrali è richiesto uno dei seguenti titoli:
laurea;
diploma universitario." [...]

Leggi il testo e indica se le informazioni sono Vere o False.

	V	F
1. Gli studenti, per accedere a una Laurea Magistrale a ciclo unico, devono essere in possesso del diploma di Scuola Media superiore di secondo grado.	○	○
2. Per accedere alle Lauree Magistrali non è sufficiente il diploma di maturità quinquennale.	○	○
3. Per accedere alle Lauree Magistrali è necessario un certificato per attestare le competenze informatiche dello studente.	○	○
4. L'immatricolazione ai corsi di laurea precede la verifica dei requisiti d'accesso.	○	○
5. Lo studente deve terminare gli eventuali Obblighi Formativi Aggiuntivi prima della fine del percorso di laurea.	○	○
6. Per i corsi di laurea a numero programmato i posti disponibili sono limitati.	○	○
7. Gli studenti possono pagare la tassa di immatricolazione sul sito internet dell'università.	○	○
8. Per completare l'immatricolazione non è necessario un documento d'identità.	○	○

STRUTTURA DELL'ESAME

10. La segreteria dell'università riceve solo su appuntamento.
11. I tempi di immatricolazione e verifica dei requisiti sono diversi per i vari corsi di laurea.
12. La scadenza delle iscrizioni è uguale per tutti i corsi di laurea.
13. Le immatricolazioni iniziano dopo il mese di giugno.

Esempio parziale prova n.2

Completa il testo. Scegli una delle proposte di completamento.

Antibiotici naturali: ecco _____ quelli _____₀ riconosciuti dalla Scienza (e a cosa servono)
Secondo uno studio dell'Università del Michigan, solo il 13% degli antibiotici prescritti è davvero indispensabile. In natura _____₁ già degli antibiotici naturali riconosciuti dalla comunità scientifica.
La natura ci viene incontro come _____₂ ai farmaci tradizionali per tutti quelli che vogliono limitare o ridurre l'uso degli antibiotici chimici. Ma vediamo quali sono gli antibiotici naturali che possiamo utilizzare. […]

0.	A) quelli	B) questi	C) quelle
1.	A) esiste	B) esisteva	C) esistono
2.	A) proposta	B) alternativa	C) possibilità

Produzione scritta

Il candidato è in grado di scrivere email semplici in modo chiaro ed efficace dal punto di vista comunicativo. Gli argomenti sono familiari o di suo interesse: ad esempio dare e chiedere semplici informazioni riguardanti beni e servizi di fruizione quotidiana o risolvere problemi circa l'ottenimento dei suddetti beni e servizi.

Esempio prova n.1

Scegli uno dei seguenti argomenti. Devi scrivere da 80 a 120 parole.

1. Nel quartiere dove abiti il servizio della raccolta differenziata non funziona più come prima. Scrivi una e-mail al comune della tua città, segnala il problema e chiedi una soluzione immediata.
2. Ti sei trasferito recentemente in Italia e hai bisogno di aprire un conto corrente bancario. Scrivi una e-mail alla banca, spiega di cosa hai bisogno e chiedi informazioni.

Produzione orale

Il candidato sa parlare in modo appropriato in situazioni comunicative quotidiane e trattare argomenti generali e familiari. È in grado di esprimere opinioni, punti di vista, accordo e disaccordo, approvazione e disapprovazione e valutare le opinioni altrui.
Può gestire elementi di novità introdotti dall'interlocutore adattando il proprio parlato.
Il test di produzione orale comincia con una breve presentazione di 1 minuto guidata da semplici domande poste dall'esaminatore (ad esempio: Come ti chiami? Quanti anni hai? Di dove sei? Dove vivi? Che cosa fai nella vita?).

Poi si svolge la prova n.1, una breve conversazione di 2-3 minuti su un argomento scelto dal candidato tra 4 opzioni.

Esempio prova n.1

La prova è una conversazione faccia a faccia con l'esaminatore. Il candidato deve scegliere uno dei seguenti argomenti e discutere con l'esaminatore per 2-3 minuti.

1. Hai mai vissuto in un Paese straniero? Quali sono gli aspetti positivi e quali quelli negativi?
2. Quali sono gli aspetti che consideri importanti quando scegli una casa? Il prezzo, la posizione, eventuali spazi esterni?
3. Hai mai partecipato a una riunione di condominio? Quali sono le principali differenze tra l'Italia e il tuo Paese?
4. Come funziona il Pronto Soccorso nel tuo Paese? L' ospedale accetta anche i non residenti? Sai come funziona in Italia?

percorso CILS B1 cittadinanza

CONSIGLI PRATICI PER INSEGNANTI

Questo manuale si rivolge ad insegnanti che intendono preparare i propri studenti a sostenere l'esame CILS B1 Cittadinanza ed è utilizzabile sia nell'ambito di corsi di gruppo che di lezioni individuali.

In una fase preliminare, l'insegnante dovrebbe accertarsi del livello di competenza comunicativa dello studente, che deve essere non inferiore ad un livello A2/B1 del QCER.

Data la frequente scarsa familiarità degli studenti con prove d'esame strutturate, l'insegnante è chiamato a informarli dettagliatamente sulle tipologie testuali e sulle abilità comunicative da mettere in atto per poter svolgere le prove.

Per fare ciò è utile mostrare sin da subito una prova d'esame precedente, indicando anche i tempi previsti per ogni singola sezione.

Un'altra informazione rilevante è la modalità di trascrizione delle risposte nell'apposito foglio delle risposte: questa procedura può creare particolari problemi e ansie nel candidato durante lo svolgimento dell'esame.

Test di ascolto

Questa sezione comprende due prove e dura circa 30 minuti:

- la prima prova consiste in 6 brevi dialoghi: il candidato deve completare 6 frasi scegliendo la risposta corretta fra le 3 opzioni date;
- la seconda prova consiste in due testi: il candidato deve decidere se le 12 informazioni relative ai due ascolti sono VERE o FALSE.

Il test di ascolto è, normalmente, una sezione complessa per il candidato.

Il dover rispettare determinati tempi e dover ascoltare e leggere allo stesso tempo per poter completare le prove possono creare uno stato di ansia.

Proprio per questo motivo, è fondamentale che il candidato metta in atto determinate strategie da esercitare durante la preparazione all'esame.

In primo luogo, bisogna esporre lo studente ad una varietà di input orali, che comprendano testi di vario genere su argomenti che rientrino nei domini personale, pubblico, educativo e lavorativo.

È, inoltre, necessario guidare lo studente alla comprensione dell'ascolto: una comprensione che parta dal globale per arrivare all'analitico.

Per far sì che ciò avvenga, è essenziale che lo studente abbia obiettivi precisi da raggiungere in ogni specifica fase.

Una volta acquisita questa prassi, si può passare alla vera e propria preparazione all'esame.

Il primo passo fondamentale è ragionare con lo studente su come affrontare le prove, ovvero sulle strategie da attuare.

Vista la principale difficoltà riscontrata dagli studenti, cioè quella di dover ascoltare e leggere allo stesso tempo, bisogna richiamare l'attenzione dello studente sull'iniziale necessità di separare la fase di ascolto e quella di lettura.

Ciò significa che è opportuno che lo studente ascolti prima il testo senza leggere e poi, in un secondo momento, passi alla lettura della prova durante i due minuti dati.

Durante il secondo ascolto, avendo seguito questa procedura, lo studente sarà in grado di ascoltare e leggere contemporaneamente.

CONSIGLI PRATICI PER INSEGNANTI

In questo modo potrà dare le risposte ai quesiti.

Dopo il secondo ascolto, avrà due ulteriori minuti per controllare le risposte.

Alla fine del test di ascolto, avrà altri tre minuti per trascrivere le risposte nel foglio delle risposte.

Test di comprensione della lettura e riflessione grammaticale

Questa sezione comprende 2 prove e dura 40 minuti:

- la prima prova consiste nella lettura di un testo solitamente informativo-regolativo: il candidato deve indicare se le 12 informazioni date sono VERE o FALSE;
- la seconda prova è un'attività di completamento del testo: il candidato deve scegliere le 6 risposte corrette scegliendole tra le 3 opzioni date. Queste possono essere parole di diversa categoria grammaticale (nomi, aggettivi, pronomi, verbi, avverbi, congiunzioni, preposizioni).

Il punto iniziale nella preparazione del candidato dovrebbe essere una considerevole esposizione dello stesso alle suddette tipologie testuali: testo informativo e testo regolativo.

Successivamente, bisogna abituare lo studente a comprendere il testo dapprima nella sua globalità e, poi, ad analizzarlo più nel dettaglio.

Le tecniche didattiche da preferire possono essere: risposta aperta, scelta multipla, vero o falso e completamento di griglie.

Anche in questo caso è importante abituare lo studente al rispetto dei tempi dati e alla modalità di trascrizione delle risposte nel foglio delle risposte.

Test di produzione scritta

Questa sezione comprende una sola prova e ha una durata di 40 minuti: il candidato può scegliere una traccia tra due opzioni date e deve scrivere un testo di 80-120 parole.

Si tratta di una e-mail per chiedere o dare alcune informazioni di prima necessità o per risolvere problemi riguardo l'ottenimento di beni o servizi.

Il candidato deve dimostrare di essere in grado di comunicare in modo efficace usando le strutture grammaticali previste per questo livello.

Data la tipologia di prova e il tempo previsto per il suo svolgimento, può essere opportuno che il candidato esegua le produzioni scritte a casa invece che durante la lezione.

Nel caso in cui il candidato frequenti un corso di gruppo, sarebbe buona pratica proporre una correzione tra pari prima della correzione finale da parte dell'insegnante.

In caso di lezioni individuali, invece, si può procedere alla correzione dell'elaborato segnalando, inizialmente, gli errori e incoraggiando lo studente a correggerli autonomamente. In un secondo momento si può procedere ad una correzione formale della produzione scritta.

La correzione da parte dell'insegnante deve essere intesa come una linea guida per lo studente e non può in nessun modo configurarsi come una valutazione attendibile della prova, dato che potrebbe discostarsi dalla reale valutazione data dai valutatori del Centro CILS dell'Università per Stranieri di Siena.

Il punteggio assegnato tiene conto dei seguenti criteri di valutazione:

- efficacia comunicativa;
- correttezza morfosintattica;
- adeguatezza e ricchezza lessicale;
- ortografia e punteggiatura.

Test di produzione orale

Il test comprende una breve presentazione guidata del candidato della durata di circa 1 minuto e una prova: il candidato sceglie un argomento tra 4 opzioni date e comincia una conversazione con l'esaminatore di circa 2-3 minuti.

Non è previsto tempo di preparazione prima dell'inizio della prova.

Gli argomenti della prova vertono sui domini personale, pubblico, educativo e lavorativo.

Durante la preparazione della prova orale è utile lavorare sull'ampliamento del vocabolario relativo ad alcuni ambiti semantici, come, ad esempio, ambiente e inquinamento, famiglia, città, formazione ed esperienza professionale, sanità, tempo libero, studio delle lingue, comunicazione e cultura italiana.

Una pratica vantaggiosa è quella di incoraggiare gli studenti a registrare le proprie produzioni orali e a riascoltarsi per riflettere sugli aspetti da migliorare.

Il test di produzione orale viene registrato interamente in quanto viene, successivamente, valutato dai valutatori del Centro CILS dell'Università per Stranieri di Siena.

Proprio per questo, come per il test di produzione scritta, l'insegnante non deve valutare la prova orale dello studente, ma solo dare indicazioni sugli aspetti da migliorare tenendo conto dei seguenti criteri di valutazione:

- efficacia comunicativa;
- correttezza morfosintattica;
- adeguatezza e ricchezza lessicale;
- pronuncia e intonazione.

CONSIGLI PRATICI PER STUDENTI

Questo manuale si rivolge a studenti di italiano che vogliono sostenere l'esame CILS B1 Cittadinanza per ottenere la cittadinanza italiana.

Questo esame non è spendibile per fini accademici o lavorativi, ma solo per richiedere la cittadinanza italiana.

L'esame è costituito da quattro sezioni:

- Test di ascolto;
- Test di comprensione della lettura e riflessione grammaticale;
- Produzione scritta;
- Produzione orale.

Per superare l'esame è necessario ottenere almeno la sufficienza (7 punti) in ogni sezione in quanto, a differenza del CILS B1 standard, le prove non sono capitalizzabili.

Ciò significa che non è possibile, nel caso in cui non si superi una prova, ripetere solo quella, ma occorre ripetere l'intero esame.

Test di ascolto

In questa sezione il candidato deve seguire le istruzioni contenute nella traccia che verrà riprodotta in aula dall'esaminatore.

Anche i tempi di esecuzione sono scanditi dalla voce della traccia.

La modalità di svolgimento è la seguente: il candidato ascolta la traccia una volta, poi ha due minuti di tempo per leggere la prova e, successivamente, ascolta per la seconda e ultima volta. Al termine del secondo ascolto ha due minuti di tempo per controllare le sue risposte.

Questa procedura si ripete anche per la seconda prova di ascolto.

Alla fine, il candidato ha 3 minuti di tempo per trascrivere le sue risposte nel foglio delle risposte.

È importante ricordare che la traccia non può essere interrotta e, quindi, il candidato deve prestare molta attenzione a ogni fase dell'ascolto. L'esaminatore presente in aula, durante la prova, ha il solo compito di accertarsi che le tracce vengano riprodotte in maniera corretta.

Prova n.1

La prima prova consiste in 6 brevi dialoghi: il candidato deve completare 6 frasi scegliendo la risposta corretta fra le 3 opzioni date.

Dato che la principale difficoltà consiste nel dover ascoltare e leggere allo stesso tempo, bisogna fare attenzione a separare la fase di ascolto da quella di lettura.

Ciò significa che è opportuno ascoltare prima il testo senza leggere e poi, in un secondo momento, passare alla lettura della prova durante i due minuti dati.

Durante il secondo ascolto, avendo seguito questa procedura, si può ascoltare e leggere contemporaneamente.

In questo modo sarà possibile rispondere ai quesiti.

Prova n.2

La seconda prova consiste in due testi: il candidato deve decidere se le 12 informazioni relative ai due ascolti sono VERE o FALSE. Anche in questa prova è molto importante concentrarsi inizialmente solo sull'ascolto: capire bene il significato generale dei testi è fondamentale per riuscire a comprendere se le informazioni presenti sono vere o false, durante il secondo ascolto. Questo approccio è da preferire poiché non sarà possibile ritrovare nelle informazioni scritte le stesse parole ascoltate nell'audio.

Attenzione! Gli Item veri che prima erano solo 6 di 12 possono variare. Ogni item risposto correttamente vale 0,5 punti.

Test di comprensione della lettura e riflessione grammaticale

Questa sezione include due prove da completare in 40 minuti.

In questi 40 minuti è incluso il tempo da destinare alla trascrizione delle risposte nel foglio delle risposte.

Il candidato deve essere in grado di organizzarsi autonomamente nella gestione del tempo in modo da riuscire ad eseguire entrambe le prove.

Il candidato potrà aprire il quaderno alla sezione di comprensione della lettura e riflessione grammaticale solo alla fine della prova di ascolto, quando l'esaminatore avrà dato ufficialmente inizio al test.

Inoltre, non sarà possibile per l'esaminando tornare indietro alla prova di ascolto per rispondere o modificare le sue risposte.

Durante la prova, come del resto per tutte le altre, non è consentito l'utilizzo di dizionari, grammatiche, manuali o appunti.

Prova n.1

La prima prova consiste nella lettura di un testo solitamente informativo-regolativo: il candidato deve indicare se le 6 informazioni presenti nel testo sono vere o false. Dato che una delle difficoltà consiste nel tipo di lingua utilizzata, è consigliabile leggere altri testi appartenenti alla medesima tipologia testuale. Per svolgere al meglio la prova si suggerisce una prima lettura globale del testo per individuare le informazioni principali, senza soffermarsi su eventuali parole di difficile comprensione. Successivamente, si consiglia di procedere a una lettura più analitica, cioè alla ricerca nel testo delle informazioni richieste. Per fare ciò, è utile sottolineare nel testo le informazioni corrispondenti alle opzioni date. Bisogna ricordare che le informazioni date sono in ordine ma sono scritte in modo differente rispetto al testo. Anche in questa prova, ogni item risposto correttamente (V o F) vale 0,5 punti.

Prova n.2

La seconda prova è un'attività di completamento del testo: il candidato deve scegliere le 6 risposte corrette scegliendole tra le 3 opzioni date. Queste possono essere parole di diversa categoria grammaticale (nomi, aggettivi, pronomi, verbi, avverbi, congiunzioni, preposizioni).

Per ogni risposta, le tre opzioni date appartengono alla stessa categoria grammaticale.

Il primo approccio alla prova è una lettura globale del testo. Poi, il candidato deve procedere a una lettura attenta delle singole frasi e scegliere l'opzione corretta tra le tre date.

CONSIGLI PRATICI PER STUDENTI

Per facilitare questa scelta è bene leggere le frasi fino al punto, evitando di fermarsi dopo lo spazio vuoto. Alla fine, si dovrebbe rileggere il testo con le risposte date.

Produzione scritta

Questa sezione comprende una sola prova e ha una durata di 40 minuti: il candidato può scegliere una traccia tra due opzioni date e deve scrivere un testo di 80-120 parole.

Si tratta di una e-mail per chiedere o dare alcune informazioni di prima necessità o per risolvere problemi riguardo l'ottenimento di beni o servizi.

Il candidato deve dimostrare di essere in grado di comunicare in modo efficace usando le strutture grammaticali previste per questo livello.

Per un corretto svolgimento della prova, è opportuno seguire queste indicazioni:
- leggere attentamente la traccia, in cui sono contenute le informazioni che dovranno essere presenti nel testo;
- fare una brutta copia e creare una scaletta chiara dei punti che si vogliono affrontare, in cui sia chiara la strutturazione del testo in introduzione, svolgimento e conclusione;
- individuare il registro opportuno da utilizzare (formale o informale) e attuare le scelte adeguate circa l'uso di pronomi, aggettivi e verbi da utilizzare;
- preferire frasi brevi e fare attenzione all'ortografia e all'uso corretto della punteggiatura;
- riflettere sull'uso di congiunzioni e connettivi, necessari per una buona coesione del testo;
- rispettare il numero di parole indicato, non inferiore a 80 e non superiore a 120;
- rileggere il testo per individuare eventuali errori o modifiche da effettuare. Se possibile, rileggerlo anche al contrario (dalla fine all'inizio) per controllare la presenza di errori di ortografia;
- destinare almeno 10 minuti alla copiatura del testo nell'apposito foglio di produzione scritta;
- utilizzare esclusivamente penne indelebili nere o blu: non è consentito l'uso di matite o penne cancellabili;
- in caso di errore, non è consentito l'uso di correttori di alcun tipo: è sufficiente barrare l'errore con la penna e continuare a scrivere.

Produzione orale

Il test comprende una breve presentazione guidata del candidato della durata di circa 1 minuto e una prova: il candidato sceglie un argomento tra 4 opzioni date e comincia una conversazione con l'esaminatore di circa 2-3 minuti.

Non è previsto tempo di preparazione prima dell'inizio della prova.

L' intero test di produzione orale viene registrato dall'esaminatore, dato che viene valutato dai valutatori del Centro CILS dell'Università per Stranieri di Siena.

Presentazione

Il candidato deve prepararsi a rispondere ad alcune domande generali di natura personale, ad esempio:
- Come ti chiami?
- Quanti anni hai?
- Di dove sei?
- Dove vivi?
- Lavori o studi?
- Perché studi la lingua italiana?

L' esaminatore può fare tutte le domande o solo alcune.

Prova n.1

Gli argomenti della prova vertono sui domini personale, pubblico, educativo e lavorativo.

Per prepararsi al meglio, è utile ampliare il vocabolario relativo ad alcuni ambiti semantici, come, ad esempio, ambiente e inquinamento, famiglia, città, formazione ed esperienza professionale, sanità, tempo libero, studio delle lingue, comunicazione, cultura italiana.

Ampliare queste aree semantiche consente al candidato di affrontare una varietà di tracce che vertono su questi argomenti e le eventuali domande dell'esaminatore.

Si consiglia di scegliere attentamente la traccia e di optare per l'argomento più familiare.

Come per la produzione scritta, anche per quella orale è importante leggere con attenzione la traccia, in modo da individuare esattamente i punti da trattare durante la conversazione.

CRITERI DI ATTRIBUZIONE DEI PUNTEGGI

ASCOLTO

Prova n.1: punteggio massimo 12, punteggio minimo 7
1 punto per ogni risposta corretta
0 punti per ogni risposta sbagliata

Prova n.2: punteggio 12, punteggio minimo 7
0,5 punti per ogni risposta esatta
0 punti per ogni risposta sbagliata

LETTURA E RIFLESSIONE GRAMMATICALE

Prova n.1: unteggio 12, punteggio minimo 7
0,5 punti per ogni risposta esatta
0 punti per ogni risposta sbagliata

Prova n.2: punteggio massimo 12, punteggio minimo 7
1 Punto per ogni risposta corretta
0 punti per ogni risposta sbagliata

PRODUZIONE SCRITTA

Prova n. 1: punteggio massimo 12, punteggio minimo 7
- efficacia comunicativa: fino a punti 4
- correttezza morfosintattica: fino a punti 4
- adeguatezza e ricchezza lessicale: fino a punti 3
- ortografia e punteggiatura: fino a punti 1

PRODUZIONE ORALE

Prova n. 1: punteggio massimo 12, punteggio minimo 7
- efficacia comunicativa: fino a punti 4
- correttezza morfosintattica: fino a punti 4
- adeguatezza e ricchezza lessicale: fino a punti 3
- pronuncia e intonazione: fino a punti 1

UNITÀ 1
LA FAMIGLIA

- UNITÀ 1 - LA FAMIGLIA
- APPENDICE E TRASCRIZIONE DEL TESTO AUDIO

percorso CILS B1 cittadinanza

1 Scrivi tutte le parole che associ alla famiglia.

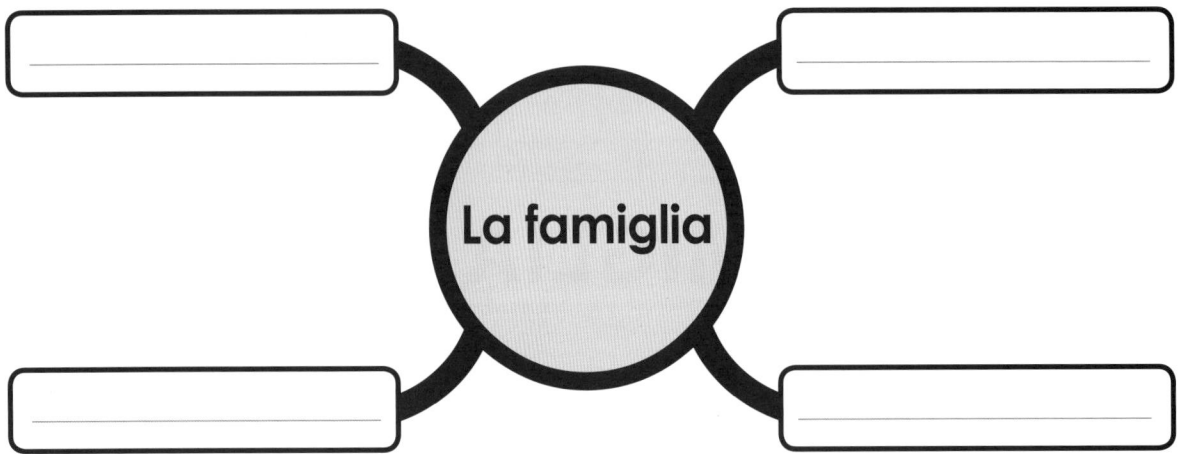

La famiglia

2 **Produzione orale**

- Come è cambiata la famiglia nel tuo Paese negli ultimi dieci anni? Secondo te, perché?
- È cambiato il ruolo dei nonni?
- Le famiglie mononucleari* sono in aumento o in diminuzione? Secondo te, perché?
- È ancora importante passare le feste in famiglia? Se sì, quali?

* Famiglia composta da mamma, papà e figli.

Consiglio:
Parla di questo argomento per 2-3 minuti, registra la tua produzione orale e riascoltala. Rifletti su cosa puoi migliorare.

UNITÀ 1 - LA FAMIGLIA

 3a Leggi il testo. I genitori possono presentare la denuncia di nascita di un figlio senza limiti temporali: è vero o falso?

Dichiarazione di nascita
Procedura e termini
Regole per la denuncia della nascita:
- quando i genitori sono sposati, solo uno deve effettuare la denuncia;
- quando i genitori non sono sposati, entrambi devono effettuare la denuncia.

Dove:
presso il comune di nascita: entro 10 giorni dalla nascita, il genitore deve presentarsi all'ufficio nascite del comune dove è avvenuto il parto, con un documento d'identità valido e l'attestazione di nascita (rilasciata dall'ostetrica o dal medico che ha assistito al parto);

presso il centro di nascita: entro 3 giorni, il genitore deve presentarsi alla direzione sanitaria del centro dove è avvenuta la nascita con un documento di identità valido e con l'attestazione di nascita. La direzione sanitaria deve poi inviare l'atto al comune dove è avvenuta la nascita, oppure al comune di residenza dei genitori, o al comune di residenza della mamma;

presso il comune di residenza dei genitori: soltanto i genitori possono, entro 10 giorni, fare la dichiarazione di nascita al comune di residenza. Il genitore deve presentarsi all'ufficio nascite del proprio comune di residenza con un documento di identità valido e con l'attestazione di nascita. Se i genitori risiedono in comuni diversi, possono presentare la dichiarazione in uno dei due comuni. L'iscrizione anagrafica del figlio si registra sempre presso il comune di residenza della madre.

Documentazione necessaria:
1. documento d'identità valido del/dei dichiarante/i
2. attestazione di nascita rilasciata dall'ostetrica

I genitori stranieri devono produrre il passaporto in corso di validità e se non conoscono l'italiano, è necessaria l'assistenza di un interprete.

Costi:
Nessuno.

Denuncia di nascita tardiva
Se i genitori denunciano la nascita oltre i limiti previsti dalla legge (10 giorni), si redige comunque un atto di nascita come precedentemente descritto, in cui si inseriscono le ragioni del ritardo della dichiarazione. Il comune dà comunicazione alla procura per l'adozione di eventuali sanzioni.

Il cognome dei nuovi nati
La Corte Costituzionale ha dichiarato l'illegittimità della norma che prevede l'automatica attribuzione del cognome paterno, in presenza di una diversa volontà dei genitori. Dunque ora è consentito ai genitori del nuovo nato, sposati o meno, di attribuire di comune accordo il doppio cognome, paterno e materno, al momento della nascita.
Attribuzione del doppio cognome: deve esserci l'accordo da parte di entrambi i genitori.

(adattato da http://www.comune.latina.it/denuncia-di-nascita/ 21/03/2020)

percorso CILS (B1) cittadinanza

3b Leggi di nuovo il testo e indica se le informazioni sono vere o false.

	V	F
1. Quando i genitori sono coniugati, devono presentare la denuncia insieme.	○	○
2. Uno dei nonni può denunciare la nascita del neonato al posto dei genitori.	○	○
3. I genitori possono presentare la denuncia presso il comune di nascita del bambino.	○	○
4. I genitori devono presentarsi all'ufficio competente con passaporto o carta d'identità in corso di validità.	○	○
5. L'ufficio anagrafe, in casi particolari, può rifiutare la denuncia di nascita.	○	○
6. I genitori possono presentare la denuncia di nascita presso la questura.	○	○
7. Un interprete deve assistere i genitori che non parlano la lingua italiana.	○	○
8. La denuncia di nascita è gratuita.	○	○
9. Secondo la legge, i genitori devono effettuare la denuncia entro 10 giorni dalla nascita.	○	○
10. Il comune può applicare multe in caso di denuncia tardiva.	○	○
11. Il bambino, alla nascita, non prende automaticamente il cognome del padre.	○	○
12. I genitori possono decidere di dare al bambino solo il cognome della madre.	○	○

4 Produzione scritta

Devi registrare la nascita di tuo figlio nel tuo comune di residenza. Scrivi una e-mail all'ufficio anagrafe del comune per chiedere informazioni su cosa è necessario fare. (80-120 parole).

UNITÀ 1 - LA FAMIGLIA

5 Ascolta e scegli l'opzione corretta.

1 Rita va al supermercato per

a) comprare la farina per la pizza.

b) acquistare un ingrediente per la torta.

c) scegliere una torta.

2 La segretaria chiama il signor Rossi per

a) comunicare che i professori non possono incontrare i genitori oggi.

b) informare della cancellazione dell'incontro con i genitori.

c) avvisare che i professori ricevono un'ora prima rispetto all'orario previsto.

3 Rita è arrabbiata perchè

a) non trova il suo maglione blu.

b) non sa dov'è il suo computer.

c) Giulia ha preso il suo computer.

4 La mamma di Giulio

a) ha messo la sveglia del cellulare.

b) non ha preso la medicina.

c) ha preso la medicina all'orario sbagliato.

5 La signora De Marchi

a) si rivolge al dottore perché ha la febbre alta.

b) contatta il dottore perché suo figlio ha mal d'orecchie.

c) chiama il dottore perché suo figlio ha l'influenza.

6 Marina dice a Giorgio che

a) vive a Bolzano.

b) vuole invitarlo al suo matrimonio.

c) si sposa fra tre mesi.

percorso CILS (B1) cittadinanza

6 Leggi il testo e completa con l'opzione corretta.

LE FAMIGLIE DI OGGI

Tutti insieme seduti sul divano ___A___ ₀ guardare *MasterChef*, o *Il Collegio*, o Fiorello su Rai Play. Un occhio alla tv, l'altro al cellulare, stessa colonna _____ ₁ per tutti. Cambia la composizione: mamma e papà, papà e papà o mamma e mamma, genitore single e figlio o single e basta, genitori con nuovi compagni e i loro figli. Le famiglie sono tante, diverse, contrastanti, ma fanno le stesse cose: vedono la tv, chiacchierano, escono a prendere una pizza. C'è dialogo, partecipazione, si condividono _____ ₂ culturali e intrattenimento. Soprattutto, ci si sente più felici rispetto alle famiglie d'origine.

È uno dei dati più significativi della ricerca "Modern Family: com'è cambiata la famiglia in 30 anni". Si parte da un dato: «In questi trent'anni la popolazione _____ ₃ intorno ai 60 milioni, ma le famiglie sono passate da 19 milioni a 25», dice Fabrizio Fornezza, presidente di Eumetra MR. «Sono aumentati i single, oggi 8,4 milioni, e i divorzi». Le statistiche ci dicono che nel 2018 i matrimoni civili hanno superato _____ ₄ religiosi (anche perché aumentano le seconde nozze), ci si sposa sempre più tardi, crescono le convivenze (oggi 1 milione e 368mila). Le unioni _____ ₅, nel 2018, sono state 2808, soprattutto nelle grandi città. Il numero di figli, intanto, continua a diminuire: ormai il tasso di _____ ₆ è sceso a 1,29 figli per donna.

(adattato da IO Donna, https://www.iodonna.it/attualita/famiglia-e-lavoro/2020/01/05/le-famiglie-del-2020-sono-fluide-sostenibili-felici/5/01/2020)

0.	A) a	B) di	C) da
1.	A) musicale	B) sonora	C) audio
2.	A) modelli	B) strutture	C) organizzazioni
3.	A) rimane	B) rimaneva	C) è rimasta
4.	A) questi	B) quelli	C) alcuni
5.	A) civiche	B) evolute	C) civili
6.	A) natalità	B) nascita	C) natività

7 Produzione scritta

Scrivi una e-mail a un amico che non vedi da tanto tempo e parlagli della tua famiglia (80-120 parole).

UNITÀ 1 - LA FAMIGLIA

_____
_____
_____
_____
_____
_____

8 Ascolta i testi. Poi leggi le informazioni. Indica se le informazioni sono vere o false.

	V	F
1. I clienti del supermercato "Futura" possono ordinare la spesa online.	○	○
2. I clienti possono ordinare la spesa telefonicamente e andare a prenderla al supermercato.	○	○
3. È possibile acquistare libri e quaderni.	○	○
4. I clienti non pagano la consegna a casa con una spesa superiore ai 50€.	○	○
5. I clienti possono ricevere la spesa a casa durante il fine settimana.	○	○
6. I clienti che suggeriscono questo servizio del supermercato a un parente ricevono uno sconto.	○	○

....

	V	F
7. L'asilo comunale di Sora è aperto da due anni.	○	○
8. I bambini hanno spazi interni ed esterni.	○	○
9. Le famiglie possono fare domanda via e-mail.	○	○
10. È necessario presentare il certificato di nascita del bambino.	○	○
11. Le famiglie con minore disponibilità economica hanno più possibilità di ottenere un posto.	○	○
12. È possibile contestare la decisione del comune.	○	○

9 Produzione orale

- Preferisci fare la spesa online o andare al supermercato?
- Quali sono i prodotti che acquisti maggiormente online?
- Quali preferisci comprare al supermercato?
- Con chi vai a fare la spesa? Hai un giorno preferito per fare acquisti?

Consiglio:
Parla di questo argomento per 2-3 minuti, registra la tua produzione orale e riascoltala. Rifletti su cosa puoi migliorare.

percorso CILS B1 cittadinanza

Appendice Unità 1

Soluzioni

Attività 3b

Risposte corrette:

| 1. F | 2. F | 3. V | 4. V | 5. F | 6. F | 7. V | 8. V | 9. V | 10. F | 11. V | 12. F |

Attività 5

Risposte corrette:

| 1. B | 2. A | 3. B | 4. B | 5. C | 6. B |

Attività 6

Risposte corrette:

| 1. B | 2. A | 3. C | 4. B | 5. C | 6. A | 7. V | 8. V | 9. V | 10. F | 11. V | 12. F |

Attività 8

Risposte corrette:

| 1. V | 2. F | 3. F | 4. V | 5. F | 6. V | 7. F | 8. V | 9. F | 10. F | 11. V | 12. V |

APPENDICE / TRASCRIZIONE DEL TESTO AUDIO

UNITÀ 1 - LA FAMIGLIA

Attività 5 - Trascrizione del testo audio

1
- Ciao Rita, come stai? Anche tu qui al supermercato?
- Ciao Marco, tutto bene e tu? Sì, sono venuta a comprare la farina perché domani è il compleanno di mio figlio e voglio fare una bella torta.
- Non c'è male. Il compleanno di tuo figlio? Ricordo ancora quando è nato, era un bambino bellissimo. Quanti anni fa?
- Hai ragione, il tempo vola! Compie dieci anni!

2
- Buongiorno signor Rossi, sono la segretaria della scuola di suo figlio.
- Buongiorno signora Pergolesi, mi dica.
- La chiamo per informarla che l'incontro con i genitori previsto per oggi pomeriggio è stato rimandato a domani alle ore 17:00.
- Grazie per la comunicazione, purtroppo domani non posso venire per motivi di lavoro, ma mia moglie è libera e può partecipare.

3
- Paolo, quante volte ti ho detto che non devi toccare il mio computer! Dove l'hai messo?
- Guarda Rita, io non ho preso il tuo computer, non lo faccio mai perché so che ti arrabbi!
- Ah sì? E allora dov'è? Chi l'ha preso, Giulia che ha solo tre mesi?
- Ah guarda, è lì, sotto a quel vecchio maglione blu. Non si vedeva proprio!

4
- Mamma, sono le 8:00. Ricordi che devi prendere la medicina per la pressione?
- No, Giulio, l'ho dimenticato. Che strano, non succede mai!
- Fai attenzione mamma, è importante. Metti la sveglia del cellulare così suona ogni giorno alla stessa ora e non puoi dimenticarlo.
- Ottima idea, meno male che ci sei tu che pensi sempre a tutto!

5
- Pronto, dottor Cinzano? Sono la signora De Marchi, la chiamo per il mal di gola di mio figlio, non è ancora passato.
- Salve signora De Marchi, ha anche la febbre?
- Sì, è anche molto alta, ha 39! Oltre al mal di gola ha anche una brutta tosse e un forte raffreddore. Cosa posso dargli?
- Gli dia subito uno sciroppo per la tosse, un cucchiaio la mattina e uno la sera e del paracetamolo per la febbre.

6
- **Ciao Giorgio, da quanto tempo! Che fine hai fatto?**
- Ciao Marina, che piacere vederti! Sai, ora vivo a Bolzano con la mia nuova fidanzata.
- **Ah che bello! Anche io ho delle novità! Sai che mi sposo tra due mesi? Dammi il tuo indirizzo così ti mando l'invito a casa.**
- Congratulazioni Marina, che bella notizia! Puoi mandarmelo a questo indirizzo...

Attività 8 - Trascrizione del testo audio

Testo 1

Supermercato "Futura". Da oggi ti portiamo la spesa direttamente a casa. Basta chiamare il numero o visitare il nostro sito internet. Puoi scegliere tra i nostri prodotti di qualità. Cibo: pasta delle migliori marche italiane, formaggi italiani ed esteri, salumi di prima qualità. Puoi acquistare anche prodotti per la casa, prodotti per l'igiene personale e tutto quello che ti serve per il giardinaggio. Su richiesta sono disponibili anche cibi pronti: ogni giorno i nostri cuochi preparano un menù differente per soddisfare i gusti di tutta la tua famiglia. Con un ordine di almeno 50€ puoi ricevere la spesa a domicilio gratuitamente. Per gli ordini inferiori ai 50€ il costo della consegna è di 6€. Consegniamo tutti i giorni dal lunedì al venerdì dalle 10:00 alle 21:00. I nostri furgoni consegnano in tutta la provincia di Milano. Per ulteriori informazioni visita il nostro sito. Consiglia il nostro servizio a un amico o a un familiare e ottieni il 10% di sconto sulla tua prossima spesa. Non dimenticare di seguirci sui nostri social networks, per rimanere sempre informato sulle nostre promozioni e offerte e partecipa ai nostri concorsi per vincere fantastici premi.
Supermercato "Futura": il supermercato su misura!

Testo 2

Passiamo all'ultima notizia del giorno. Il comune di Sora ha aperto le iscrizioni all'asilo comunale per il nuovo anno scolastico. L'asilo riapre dopo due anni di completa ristrutturazione: oggi sono presenti 14 aule attrezzate con moderne lavagne digitali, 6 sale ricreative e un fantastico giardino per le attività all'esterno. Inoltre, la più grande novità è un piccolo orto dove i bambini possono coltivare piante di frutta e verdura. Possono fare richiesta di ammissione tutte le famiglie residenti nel comune di Sora: bisogna presentarsi all'ufficio scolastico del comune entro la fine del mese di agosto. Non si accettano richieste cartacee o digitali. I documenti necessari sono: documento d'identità del bambino, stato di famiglia e una prova di residenza (bollette o utenze a carico di un membro della famiglia). La domanda deve essere presentata da uno dei genitori o da un membro della famiglia con delega. I posti disponibili sono 150; il comune assegna i posti in base al reddito e dà la precedenza alle famiglie con reddito più basso. Il comune accetta ricorsi entro la fine di settembre.

UNITÀ 2
LA CITTÀ

- UNITÀ 2 - LA CITTÀ
- APPENDICE E TRASCRIZIONE DEL TESTO AUDIO

percorso CILS B1 cittadinanza

1. In quale città vivi? Cosa ti piace e cosa non ti piace della tua città? Quali sono i quartieri che frequenti di più? Perché?

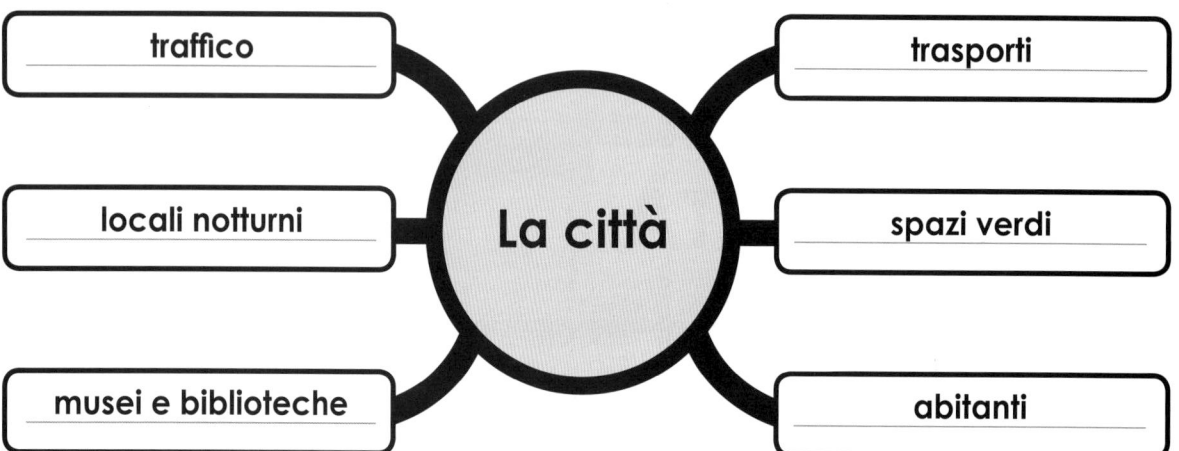

2. Produzione orale

- Qual è la tua città italiana preferita? Hai mai visitato questa città?
- Con chi ci sei andato? Quando? Quali luoghi hai visitato?
- Quale altra città italiana ti piacerebbe visitare e perché?

Consiglio:
Parla di questo argomento per 2-3 minuti, registra la tua produzione orale e riascoltala. Rifletti su cosa puoi migliorare.

3a Leggi il testo: quali sono le regole principali per prendere la metropolitana a Milano? Fai una breve lista.

Regolamento metropolitane comune di Milano

Come convalidare i biglietti.

I passeggeri devono convalidare Il biglietto all'inizio del viaggio, ad ogni ingresso alla metropolitana e ad ogni cambio di mezzo sulle linee di terra. Nelle stazioni della metropolitana è necessario convalidare il titolo di viaggio anche in uscita.

I passeggeri che hanno acquistato il biglietto con l'APP ATM o con il servizio SMS Ticketing per convalidare l'uscita possono avvicinare lo smartphone ai tornelli che hanno il lettore QR Code, oppure stampare il biglietto digitando il codice PNR ai distributori automatici che si trovano all'interno della linea dei tornelli e convalidare il biglietto stampato.

I passeggeri che hanno un titolo di viaggio cartaceo per accedere alle stazioni devono rivolgersi al personale ATM, se presente, o seguire le indicazioni riportate nei cartelli presenti nelle stazioni metropolitane. I passeggeri con un biglietto scaduto o con tariffa non corretta per uscire dalla stazione possono acquistare un biglietto di uscita ai distributori automatici presenti all'interno della linea dei tornelli. Nel caso di guasto ai distributori automatici i passeggeri possono chiedere aiuto al personale ATM e seguire le loro indicazioni. Chi, al momento del controllo non ha un titolo di viaggio valido o biglietto di uscita già acquistato può ricevere una multa.

Regole generali di comportamento e multe.

I passeggeri devono conservare il biglietto con cura e devono mantenerlo in buone condizioni, non devono piegarlo, non devono bucarlo o avvicinarlo a strumenti elettronici. I passeggeri devono conservare il biglietto fino all'uscita dalla stazione. I passeggeri devono mostrare il biglietto al controllore in caso di richiesta.

Il viaggiatore senza biglietto può subire una multa amministrativa.

Per maggiori informazioni visita il nostro sito.

(adattato da https://www.atm.it/it/ViaggiaConNoi/Biglietti/Pagine/Tipologie.aspx del 18/04/2020)

percorso CILS B1 cittadinanza

3b Leggi di nuovo il testo e indica se le informazioni sono vere o false.

	V	F
1. I passeggeri che cambiano treno della metropolitana devono timbrare di nuovo il biglietto.	○	○
2. I passeggeri non devono timbrare il biglietto alla fine del loro viaggio.	○	○
3. I passeggeri possono comprare il biglietto con il loro cellulare.	○	○
4. È possibile stampare il biglietto elettronico nelle stazioni della metropolitana.	○	○
5. I passeggeri che hanno problemi con biglietti o distributori possono chiedere l'aiuto del personale della stazione.	○	○
6. I cartelli presenti nelle stazioni hanno una traduzione in inglese.	○	○
7. I passeggeri che non hanno pagato il giusto prezzo del biglietto ricevono una multa.	○	○
8. In caso di controllo i passeggeri devono mostrare un biglietto di viaggio valido.	○	○
9. I passeggeri devono conservare il biglietto con attenzione.	○	○
10. I passeggeri devono tenere il biglietto solo all'interno dei treni.	○	○
11. Agenti di polizia possono chiedere ai passeggeri di mostrargli il biglietto.	○	○
12. I passeggeri possono pagare le multe sul sito internet della compagnia di trasporti.	○	○

4 Produzione scritta

Hai ricevuto una multa per divieto di sosta davanti al cinema, ma nell'orario indicato eri a casa. Scrivi una e-mail alla polizia municipale del tuo comune per protestare e ottenere la cancellazione della multa.
(80-120 parole).

UNITÀ 2 - LA CITTÀ

5 Ascolta e scegli l'opzione corretta.

1 Il prezzo della sosta è
   a) 4 euro all'ora.
   b) 2 euro per due ore.
   c) 2 euro per un'ora.

2 La signora
   a) chiede informazioni su come raggiungere il cinema Aurora.
   b) vuole andare nella piazza centrale.
   c) non sa dove si trova il teatro.

3 Il comune ha inaugurato l'area pedonale
   a) un mese fa.
   b) meno di un mese fa.
   c) più di un mese fa.

4 Il parco
   a) in estate chiude dopo le 18:00.
   b) in inverno alle 18:30 è chiuso.
   c) in estate alle 18:30 è chiuso.

5 La signora
   a) deve andare in via Amendola.
   b) ha un appuntamento in via Giolitti.
   c) ha bisogno di una farmacia.

6 Per ottenere il permesso di sosta è necessario
   a) presentare il certificato di residenza.
   b) avere il permesso di soggiorno.
   c) mostrare i documenti della macchina.

 6 Leggi il testo e completa con l'opzione corretta.

SAGRA DELLA CASTAGNA E ___DEL___₀ FUNGO PORCINO DI ROCCAMONFINA

In tutti i weekend di ottobre si tiene l'attesa Sagra della Castagna e del Fungo Porcino di Roccamonfina. A partire da sabato 5 ottobre e per tutti i fine settimana del mese di ottobre, è un'_____₁ da non perdere nella bella cittadina casertana.

Una sagra che è diventata una grande festa conosciuta a livello nazionale e che ci consente di gustare i due ottimi prodotti della terra del vulcano e mangiare nei buoni locali della zona o tra gli stand della festa.

La Sagra della Castagna e dei Funghi Porcini quest'anno si presenta per la sua 43ª edizione, e ci propone le gustose eccellenze del territorio, tra funghi, castagne e tante altre buone specialità. L'evento si tiene nella centrale Piazza Nicola Amore ed è organizzata dalla Pro Loco di Roccamonfina. Nei giorni della sagra gli stand sono aperti al _____₂ dalle ore 10:00 alle ore 24:00 del sabato e dalle ore 09:30 alle ore 24:00 della domenica.

Già pronta in piazza la Maxipadella da Guinness

Già pronto nella bella piazza di Roccamonfina il Vrollaro, la enorme padella per arrostire le castagne: il Vrollaro è il sistema più grande del mondo per arrostire le castagne ed è entrato nel 2018 nel Guinness World Records, superando un utensile simile _____₃ in Portogallo ha detenuto da anni il primato.

Questo ha permesso alla sagra di essere conosciuta in tutta Italia e non solo e nel 2019 a Roccamonfina _____₄ anche una troupe di Sky Atlantic e due tv nazionali giapponesi, la NHK e la JMC, che hanno pubblicizzato le bellezze e le bontà del territorio.

Il Programma completo della Sagra

Tante bontà a Roccamonfina ma anche serate con concerti e spettacoli e poi visite _____₅, stand di antiquariato, escursioni, *show cooking* attività per bambini e tanto _____₆ per un intero mese di festa da non perdere.

(adattato da https://www.napolidavivere.it/2019/10/05/sagra-della-castagna-e-del-fungo-porcino-di-roccamonfina-2019/ del 18/04/2020)

0.	A) del	B) dello	C) dei
1.	A) occorrenza	B) occasione	C) ora
2.	A) privato	B) pubblico	C) mondo
3.	A) cui	B) dove	C) che
4.	A) è arrivata	B) arrivava	C) arriva
5.	A) illustrate	B) raccontate	C) guidate
6.	A) altro	B) più	C) altri

7 Produzione scritta

Devi rinnovare la tua carta di identità, scrivi una e-mail all'ufficio anagrafe del tuo comune per chiedere informazioni.
(80-120 parole).

___

8 Ascolta i testi. Poi leggi le informazioni. Indica se le informazioni sono vere o false.

	V	F
1. *Segnala-Mo* è un servizio per i cittadini del comune di Modena.	○	○
2. Con il servizio *Segnala-Mo* i cittadini possono acquistare i biglietti del parcheggio.	○	○
3. Grazie a questo servizio i cittadini possono segnalare problemi legati alla circolazione stradale.	○	○
4. I cittadini possono indicare il luogo preciso in cui c'è un problema.	○	○
5. Per segnalazioni riguardo a problemi più seri i cittadini devono andare in comune.	○	○
6. La app *Vivi-Mo* non è disponibile per cellulari.	○	○
7. Il testo parla di un'iniziativa per migliorare un'area della città.	○	○
8. L'iniziativa non era aperta al pubblico.	○	○
9. I proprietari dei ristoranti sono felici dell'iniziativa.	○	○
10. Il proprietario del cinema "Splendor" ha sottolineato il problema dei parcheggi per i suoi clienti.	○	○
11. Un nuovo sistema idrico permette di conservare gli spazi verdi.	○	○
12. La settimana scorsa il comune ha organizzato una Notte Bianca per i commercianti della zona.	○	○

percorso CILS B1 cittadinanza

9 Produzione orale

- Com'è la situazione del traffico nella tua città?
- I trasporti pubblici funzionano bene?
- Cosa ha fatto il tuo comune per ridurre il numero delle automobili?

Consiglio:
Parla di questo argomento per 2-3 minuti, registra la tua produzione orale e riascoltala. Rifletti su cosa puoi migliorare.

Appendice Unità 2

Soluzioni

Attività 3b

Risposte corrette:

| 1. V | 2. F | 3. V | 4. V | 5. V | 6. F | 7. F | 8. V | 9. V | 10. F | 11. F | 12. F |

Attività 5

Risposte corrette:

| 1. B | 2. C | 3. C | 4. B | 5. A | 6. C |

Attività 6

Risposte corrette:

| 1. B | 2. B | 3. C | 4. A | 5. C | 6. A |

Attività 8

Risposte corrette:

| 1. V | 2. F | 3. V | 4. V | 5. F | 6. F | 7. V | 8. F | 9. V | 10. F | 11. V | 12. F |

APPENDICE / TRASCRIZIONE DEL TESTO AUDIO

UNITÀ 2 - LA CITTÀ

Attività 5 - Trascrizione del testo audio

1
- Scusi, ho parcheggiato la macchina di fronte al bar. Dove posso pagare il biglietto per la sosta?
- Buongiorno, può comprare un biglietto di sosta in tabaccheria.
- **La ringrazio, sa dirmi quanto costa il biglietto?**
- Un euro all'ora, tutta la giornata 4 euro.

2
- Buongiorno, mi scusi, mi sa dire dov'è il Teatro dell'Opera?
- Certo signora, vada sempre dritto fino alla piazza e poi giri a destra all'angolo con il cinema Aurora.
- **La ringrazio, è lontano a piedi?**
- No, sono al massimo dieci minuti.

3
- Stefania, attenta, passano le macchine!
- Ma cosa dici Gilberto, non sai che la domenica questa è un'area pedonale?
- **Ma davvero? Non sapevo niente, da quando questa novità?**
- Non hai letto i cartelli? Ormai sono sei settimane.

4
- Marisa che ne dici di andare al Parco Vittoria a correre?
- A quest'ora, ma non è tardi Gianfranco?
- **Non credo, sono le 18:30. Ci vado sempre a quest'ora.**
- Ma non sai che in inverno il parco chiude alle 18:00?

5
- Senta, dovrei andare in via Amendola, non si passa oggi da qui?
- No, mi dispiace signora, c'è stato un incidente. Deve passare per via Giolitti.
- **Mi scusi, qual è via Giolitti? Non la conosco.**
- È la seconda a destra dopo la farmacia.

6
- Buongiorno, avrei bisogno di un permesso di sosta per residenti in via Petroni.
- Certo signora, mi servirebbe la sua patente, il libretto della macchina e un documento di identità.
- **Ecco a lei. Va bene la carta d'identità?**
- Va benissimo.

Attività 8 - Trascrizione del testo audio

Testo 1

Vuoi segnalare un problema direttamente al tuo comune? *Segnala-Mo* è un nuovo servizio che permette ai cittadini di Modena di inviare le proprie segnalazioni con il computer o con la app *Vivi-Mo* per tablet e cellulari. Si possono segnalare problematiche sui cassonetti della spazzatura, la manutenzione dell'illuminazione pubblica, dei semafori, dei parchi pubblici e delle aree verdi, ma anche problemi legati alla manutenzione di strade, piste ciclabili e verde stradale. Si possono segnalare problemi di traffico, di pulizia di aree pubbliche e vari problemi sociali. Per fare una segnalazione è sufficiente accedere al sistema e cliccare sulla mappa o digitare l'indirizzo. Se la segnalazione non riguarda un indirizzo specifico, basta scegliere l'indirizzo del municipio. Con *Segnala-Mo* possiamo tutti contribuire ad avere una città migliore semplicemente con un click.

Scarica la app *Vivi-Mo* per iPhone, Android, smartphone e tablet. Per informazioni: Ufficio Relazioni con il Pubblico, piazza Grandi 17. Per segnalazioni urgenti che richiedono un intervento immediato contattare la polizia municipale.

Testo 2

È stata inaugurata ieri la nuova area pedonale di Largo Seggiola. Erano presenti alla manifestazione il sindaco della città e l'assessore all'urbanistica. Molti i cittadini che hanno preso parte all'iniziativa. Tra loro molti commercianti della zona. I ristoratori hanno espresso parere favorevole e hanno detto che era da tanto tempo che aspettavano un'iniziativa del genere.

Parere positivo anche da parte del proprietario del cinema "Splendor" che ha sottolineato l'importanza di avere un luogo di aggregazione per la gente dopo la visione dei film.

Ha aggiunto anche che è importante avere attività commerciali vicine al cinema per completare l'offerta per i clienti.

Alcuni cittadini trovano interessante questa iniziativa che potrebbe aiutare a liberare l'area comunale da cani randagi e criminalità.

L'assessore all'urbanistica ha parlato delle aree verdi presenti nella piazza e ha garantito che il comune si assume la responsabilità di ripulire i giardini e le aiuole oltre a piantare nuovi alberi.

Questo è possibile grazie al nuovo impianto di irrigazione realizzato da un'azienda locale.

L'assessore ha concluso con la promessa di organizzare una Notte Bianca in Largo Seggiola e nelle zone circostanti nei prossimi mesi.

UNITÀ 3
IL LAVORO

- UNITÀ 3 - IL LAVORO
- APPENDICE E TRASCRIZIONE DEL TESTO AUDIO

percorso CILS B1 cittadinanza

1. Quali sono gli aspetti principali che consideri quando scegli un nuovo lavoro?

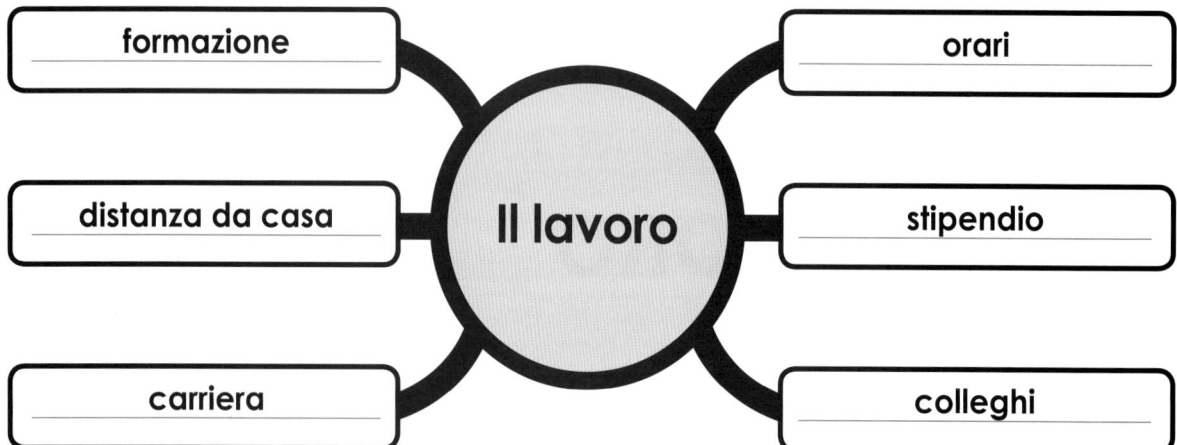

2. Produzione orale

- Quali sono le competenze più importanti nel tuo lavoro?
- Da quanto tempo fai questo lavoro? Ti piace?
- Cosa cambieresti?
- Hai mai pensato di cambiare lavoro?

Consiglio:
Parla di questo argomento per 2-3 minuti, registra la tua produzione orale e riascoltala. Rifletti su cosa puoi migliorare.

3a Leggi il testo. Quali sono le caratteristiche principali del candidato ideale per il ruolo descritto?

ART.1 - GENERALITÀ DEL BANDO
Aperta selezione per titoli e colloquio per un incarico temporaneo come operatore/psicologo specializzato nell'inserimento lavorativo di persone disabili e svantaggiate.

ART.2 - REQUISITI PER L'AMMISSIONE ALLA SELEZIONE
Possono partecipare alla selezione candidati in possesso dei seguenti requisiti:
1) Laurea universitaria in psicologia;
2) Cittadinanza italiana;
3) Maggiore età;
4) Idoneità fisica e psichica attestata con certificato medico;
5) Assenza di condanne penali.

ART.3 - TRATTAMENTO ECONOMICO E MANSIONI
L'incarico prevede un compenso totale di € 4.200,00 al lordo delle trattenute di legge per la durata temporale di mesi sei.

ART.4 - DOMANDA E TERMINE DI PRESENTAZIONE
I candidati devono presentare il modulo di domanda agli Uffici dell'Azienda Speciale A.S.S.O.
I candidati possono scaricare il modulo dal sito della A.S.S.O. o da quello del Comune di Osimo.
I candidati devono consegnare il modulo direttamente all'Ufficio Protocollo dell'Azienda Speciale A.S.S.O. entro e non oltre le ore 14 del giorno 15 dicembre o inviare una raccomandata a/r entro la stessa data.
I candidati possono, inoltre, inviare il modulo all'indirizzo di posta certificata entro la data stabilita.
I candidati devono presentare la domanda in busta chiusa e scrivere sull'esterno "AVVISO DI SELEZIONE PER IL CONFERIMENTO DI N. 1 INCARICO PER OPERATORE/PSICOLOGO SPECIALIZZATO NELL'INSERIMENTO LAVORATIVO DI SOGGETTI DISABILI E SVANTAGGIATI", il COGNOME, NOME e INDIRIZZO del mittente.
I candidati devono allegare alla domanda:
 - copia del documento di identità;
 - curriculum:
1) esperienze professionali;
2) titoli di studio, eventuali corsi formativi o stage o tirocini frequentati;
 - copia documenti che certificano i titoli preferenziali.

ART.5 - ESCLUSIONI
È prevista l'esclusione dalla selezione se:
a) il candidato risulta non avere i requisiti dichiarati;
b) il candidato presenta la domanda dopo il termine previsto;
c) le dichiarazioni relative a nome, cognome, data e luogo di nascita e domicilio sono incomplete.

percorso CILS B1 cittadinanza

> **ART.6 - SVOLGIMENTO DEL COLLOQUIO**
> Entro il 15 gennaio, l'Azienda Speciale A.S.S.O. si impegna a pubblicare sul suo sito internet l'elenco dei candidati ammessi alla selezione con le informazioni su data, luogo e orario del colloquio.
>
> (adattato da https://www.asso-osimo.it/images/contenuti/BANDI/psicologo_spec_2014/SELEZIONE_PUBBLICA_INSERIMENTO_LAVORATIVO_-_2014.pdf 25/04/2020)

3b Leggi di nuovo il testo e indica se le informazioni sono vere o false.

V   F

1. I candidati in possesso di diploma di scuola superiore possono partecipare alla selezione.
2. Solo i cittadini italiani possono partecipare alla selezione.
3. I candidati devono presentare un certificato medico.
4. Il compenso netto è di € 4.200,00.
5. I candidati possono inviare la candidatura al comune di Osimo.
6. I candidati possono presentare il modulo di domanda via e-mail.
7. I candidati devono allegare alla domanda un documento di residenza.
8. I candidati devono presentare una prova delle precedenti esperienze lavorative.
9. Una precedente esperienza nella Pubblica Amministrazione rappresenta un vantaggio per la selezione.
10. Non possono partecipare alla selezione i candidati che presentano la domanda oltre la data prevista.
11. I candidati possono controllare online le ammissioni alla selezione.
12. I candidati ammessi possono scegliere data, orario e luogo del colloquio.

4 Produzione scritta

Sul sito dell'agenzia pubblicitaria di Torino "Ambarabà" hai letto che cercano un Direttore Marketing. Scrivi una lettera di presentazione, parla delle tue precedenti esperienze lavorative e spiega perché sei il candidato ideale per questa posizione.
(80-120 parole).

UNITÀ 3 - IL LAVORO

_____
_____
_____
_____

5 Ascolta e scegli l'opzione corretta.

1 Livia chiama Matteo perché

a) vuole parlargli di un colloquio di lavoro che ha tra pochi giorni.
b) vuole comunicargli che sta per iniziare il nuovo lavoro.
c) vuole dirgli che ha intenzione di cambiare lavoro.

2 La signora Valentini

a) ha già finito di scrivere la relazione.
b) non ha ancora iniziato a scrivere la relazione.
c) deve terminare la relazione.

3 Vincenzo

a) durante il fine settimana non lavora mai.
b) durante il fine settimana lavora sempre.
c) a volte lavora durante il fine settimana.

4 La signora Carli

a) cerca un nuovo lavoro per avere uno stipendio migliore.
b) vorrebbe passare più tempo con i suoi cari.
c) ha avuto problemi con il suo lavoro precedente.

5 Eleonora non accetta la proposta di Pietro perché

a) ha un altro impegno con un'amica nello stesso mese.
b) ad agosto deve lavorare.
c) non è appassionata di vacanze in barca.

6 La dottoressa Visconti chiama il signor Circetti

a) per cancellare il suo turno di lavoro.
b) per proporgli un turno aggiuntivo di lavoro.
c) per cambiare l'orario di un suo turno di lavoro.

percorso CILS (B1) cittadinanza

6 Leggi il testo e completa con l'opzione corretta.

LAVORO, ITALIANI SEMPRE PIÙ ___IN___₀ FUGA

Il 58% dei ragazzi italiani tra i 25 e i 34 anni è disponibile a trasferirsi all'estero per trovare lavoro. Tra questi progettano di partire soprattutto i maschi (53%) che vivono al Nord (61%) e al Centro (32%) del nostro Paese. Guardando le città le _____₁ arrivano soprattutto da Milano, Genova, Torino, Roma e Napoli. Il livello di istruzione di chi parte è più alto rispetto _____₂ passato: il 27% ha la licenza media, il 34% è diplomato e il 39% è laureato. Le motivazioni _____₃ sono la speranza di ottenere uno stipendio più alto (+65%) e più possibilità di carriera (+24%). I Paesi più popolari sono Germania, Francia, Gran Bretagna e Medio Oriente. Tuttavia, dopo la Brexit, la Gran Bretagna non è più la prima meta dei sogni dei ragazzi italiani e rispetto allo scorso anno _____₄ il 27% delle preferenze.

«Oggi sono oltre cinque milioni gli italiani residenti all'estero e noi dall'inizio dell'anno stiamo ricevendo dai nostri candidati sempre più disponibilità per andare a lavorare fuori dall'Italia. Non sono solo ragazzi: riceviamo sempre più richieste anche da intere famiglie - afferma Paolo Ferrario, presidente e amministratore delegato di E-work. Le lauree più richieste all'estero sono soprattutto _____₅ in ingegneria ed in economia e i settori che più richiedono personale sono quelli della finanza, sales&marketing e dell'IT. Gli stipendi in Germania e Francia sono mediamente più alti di quelli italiani del 25% e in alcuni Paesi del Medio Oriente anche del 40%. Gli incentivi fiscali sono certamente importanti per fermare la fuga dei nostri talenti all'estero, ma anche le aziende italiane devono continuare a fare la propria _____₆: creare contesti di lavoro motivanti, migliorare il *work-life balance* e proporre percorsi di carriera rapidi e trasparenti».

adattato da https://www.avvenire.it/economia/pagine/e-work-lavoro-italiani-sempre-piu-in-fuga 25/04/2020)

0.	A) a	B) da	C) in
1.	A) richieste	B) interrogazioni	C) questioni
2.	A) al	B) del	C) dal
3.	A) superiori	B) principali	C) migliori
4.	A) perde	B) perdeva	C) ha perso
5.	A) quelle	B) queste	C) quali
6.	A) scena	B) parte	C) interpretazione

UNITÀ 3 - IL LAVORO

7 Produzione scritta

Un collega ha problemi a lavoro e non riesce a essere produttivo. Scrivigli una e-mail e dagli dei consigli per migliorare la sua situazione lavorativa e personale.
(80-120 parole).

---

8 Ascolta i testi. Poi leggi le informazioni. Indica se le informazioni sono vere o false.

	V	F
1. La trasmissione è rivolta a persone che sono alla ricerca di un nuovo impiego.	○	○
2. Cristina dà consigli su come scrivere un CV perfetto.	○	○
3. Per trovare un lavoro è importante far sapere a tante persone che lo stiamo cercando.	○	○
4. Secondo Cristina non bisogna parlare di lavoro con le persone che non si conoscono.	○	○
5. I social network sono uno strumento importante nella ricerca del lavoro.	○	○
6. Secondo Cristina, LinkedIn è l'unico social network su cui concentrare la ricerca di lavoro.	○	○
7. La trasmissione si rivolge anche a proprietari di ristoranti.	○	○
8. La trasmissione si rivolge anche a proprietari di case private.	○	○
9. Il T.U.S.L. nasce per proteggere lavoratori e luoghi di lavoro.	○	○
10. Il T.U.S.L. ha l'obiettivo di evitare incendi nei luoghi di lavoro.	○	○
11. I proprietari degli alberghi non hanno l'obbligo di indicare le uscite di emergenza.	○	○
12. Il T.U.S.L. non prevede regole per facilitare il lavoro dei vigili del fuoco.	○	○

percorso CILS B1 cittadinanza

9 Produzione orale

- Da bambino, qual era il lavoro dei tuoi sogni? Perché?
- Sei riuscito a farlo?
- Sei ancora convinto che quel lavoro è perfetto per te? Perché?

Consiglio:
Parla di questo argomento per 2-3 minuti, registra la tua produzione orale e riascoltala. Rifletti su cosa puoi migliorare.

Appendice Unità 3

Soluzioni

Attività 3b

Risposte corrette:

| 1. F | 2. V | 3. V | 4. F | 5. F | 6. V | 7. F | 8. V | 9. F | 10. V | 11. V | 12. F |

Attività 5

Risposte corrette:

| 1. B | 2. C | 3. C | 4. B | 5. A | 6. B |

Attività 6

Risposte corrette:

| 1. A | 2. A | 3. B | 4. C | 5. A | 6. B |

Attività 8

Risposte corrette:

| 1. V | 2. F | 3. V | 4. F | 5. V | 6. F | 7. V | 8. F | 9. V | 10. V | 11. F | 12. F |

APPENDICE / TRASCRIZIONE DEL TESTO AUDIO

UNITÀ 3 - IL LAVORO

Attività 5 - Trascrizione del testo audio

1

- **Ciao Matteo, ti disturbo?**
- Ciao Livia, ma no è un piacere sentirti, come stai?
- **Tutto bene. Ti ricordi quel colloquio che ho fatto il mese scorso? Domani inizio il nuovo lavoro, sono felicissima!**
- Ma sì, mi ricordo, il lavoro di consulente finanziaria. Complimenti, sei stata bravissima!

2

- **Signora Valentini ha scritto quella relazione?**
- Mi dispiace dottor Rossi, non ho ancora finito. Entro quando le serve?
- **Mi servirebbe entro un'ora, è davvero urgente.**
- Non si preoccupi, finisco di scrivere questa mail e ricomincio a lavorare alla relazione.

3

- **Ciao Vincenzo, sei libero domani?**
- Ciao Michela, mi dispiace, purtroppo questo fine settimana lavoro.
- **Che peccato! Ho due biglietti per il concerto di Andrea Bocelli e volevo andarci con te.**
- Perché non inviti Pamela, lei domani non lavora!

4

- **Signora Carli, mi parli del suo precedente lavoro.**
- Dunque, ho lavorato come segretaria in uno studio dentistico per due anni e mi sono trovata molto bene.
- **Perché ha lasciato questo lavoro?**
- Perché cerco un lavoro part-time per poter dedicare più tempo alla mia famiglia.

5

- **Ciao Eleonora, hai già chiesto le ferie per quest'estate?**
- Ciao Pietro, sì, sono in ferie per tutto il mese di agosto.
- **Perfetto! Che ne dici di venire in Grecia con noi? Facciamo un giro delle isole in barca.**
- Sarebbe fantastico ma purtroppo ho già prenotato una vacanza in Norvegia con Luigia.

6

- **Buongiorno signor Circetti, avremmo bisogno di una sostituzione in segreteria per domani pomeriggio. Sarebbe disponibile?**
- Buongiorno dottoressa Visconti, un attimo che controllo... Sì, sono libero. A che ora devo venire?
- **Dovrebbe venire dalle 14:00 alle 18:00, va bene?**
- Sì, non ci sono problemi, ci vediamo domani.

Attività 8 - Trascrizione del testo audio

Testo 1

Ciao ragazzi, bentornati! Allora, oggi volevo rispondere alla domanda che amici e candidati mi fanno da sempre: "Cristina, come si fa a trovare lavoro? " Benissimo, io questa risposta non ce l'ho e non credete a chi vi dice "Io ho il segreto per trovare lavoro", perché non esiste un segreto, una ricetta, una bacchetta magica per trovare lavoro o un curriculum perfetto. Il primo consiglio che ho sempre dato anche ai miei amici è di attivare un passaparola positivo. Non tenete questa informazione come un segreto ma, al contrario, parlatene con tutti: con gli amici, con i conoscenti, quando siete in fila al supermercato o alla posta. Non vi limitate solo a dire che siete in cerca di lavoro, ma spiegate anche di cosa vi siete occupati fino a quel momento, qual è il lavoro che state cercando e come mai non state lavorando, cosa è successo. Quindi, raccontate un po' la vostra esperienza. Anche se siete delle persone riservate, provate a parlare con più persone possibile. Ovviamente non dovete parlare della vostra vita personale, il lavoro non è una cosa personale, il lavoro è una cosa pubblica. Il mondo del lavoro è cambiato e il primo strumento per trovare lavoro è parlarne con tutti. Anche l'utilizzo dei social network può essere molto utile per trovare lavoro e non parlo solo di LinkedIn, che, come sapete, è un social network dedicato al lavoro; anche gli altri social network si occupano di questo e voi dovete essere preparati. Attiviamo un passaparola per la ricerca del lavoro, anzi chiamiamolo "passalavoro". Buona fortuna a tutti!

(adattato da https://www.youtube.com/watch?v=6wrP0dpomoM&fbclid= IwAR1ZMboigj7o_rDilLdd0KdqlrChr72iTKbDszGeqGabwlio2jd2pwEEiY0 25/04/2020)

Testo 2

La normativa antincendio. La necessità di adottare misure contro gli incendi è molto importante in tutti gli uffici pubblici e le strutture turistiche e alberghiere per garantire la sicurezza degli ospiti e dei lavoratori. Il testo Unico Sulla Sicurezza Sul Lavoro chiamato anche con la sigla T.U.S.L. stabilisce le regole per la prevenzione degli incendi sui luoghi di lavoro. Articolo 46 comma 1: "La prevenzione degli incendi ha l'obiettivo di proteggere la salute degli esseri umani e di tutelare gli edifici e l'ambiente". Articolo 46 comma 2: "Nei luoghi di lavoro bisogna adottare misure idonee per prevenire gli incendi e tutelare la salute dei lavoratori". Le misure di sicurezza riguardano: garantire l'accesso ai mezzi di soccorso in caso di incendio, valutare la resistenza al fuoco delle strutture, creare percorsi di emergenza facili da identificare e da percorrere, facilitare l'uscita di persone disabili con specifici percorsi, installare un numero adeguato di estintori, installare porte anti-panico, garantire la presenza in ogni piano di mappe dell'edificio in cui sono indicati i percorsi di emergenza, garantire la presenza di sistemi di allarme, avere impianti elettrici che rispettano i nuovi ordinamenti. Inoltre, è importante informare e addestrare il personale sulle modalità di gestione dell'emergenza.

(adattato da https://www.youtube.com/watch?v=Q4w851Xiy70&fbclid= IwAR1Zv1du-NlFSpJWkNpjrhBfDguHYPEThozp58rdvSgRrdeFrVGxKfelllw 25/04/2020)

UNITÀ 4
LA SCUOLA

- UNITÀ 4 - LA SCUOLA
- APPENDICE E TRASCRIZIONE DEL TESTO AUDIO

percorso CILS B1 cittadinanza

1 Quali sono i tuoi ricordi legati alla scuola?

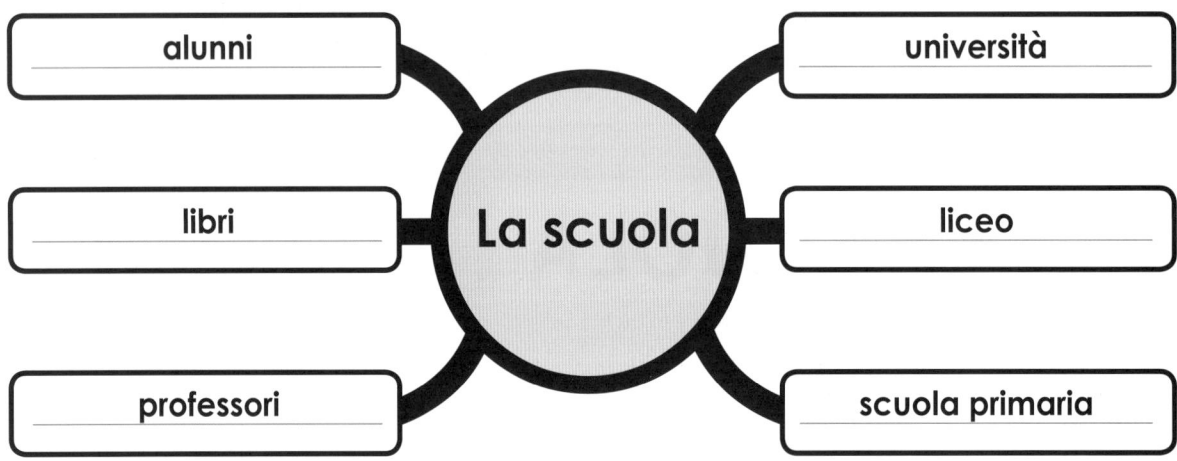

2 Produzione orale

- Com'è il sistema scolastico nel tuo paese?
- Conosci quello italiano? Quali sono le maggiori differenze?
- Nel tuo Paese ci sono differenze tra scuole pubbliche o private?

Consiglio:
Parla di questo argomento per 2-3 minuti, registra la tua produzione orale e riascoltala. Rifletti su cosa puoi migliorare.

UNITÀ 4 - LA SCUOLA

 3a Leggi il testo: quali sono le differenze tra Laurea Magistrale e Laurea Magistrale a ciclo unico?

Come iscriversi all'Università degli Studi di Bologna

Per le Lauree e Lauree Magistrali a ciclo unico è richiesto uno dei seguenti titoli:
- diploma di maturità quinquennale;
- titolo estero valido.

Per le Lauree Magistrali è richiesto uno dei seguenti titoli:
- laurea;
- diploma universitario.

Modalità di accesso

I corsi (Lauree, Lauree Magistrali a ciclo unico, Lauree Magistrali) possono essere a numero programmato oppure non programmato.
L'iscrizione avviene in due fasi successive:
- la verifica dei requisiti d'accesso;
- l'immatricolazione.

Verifica dei requisiti

Per i Corsi di Laurea e Laurea Magistrale a ciclo unico a numero programmato oppure con numero di accessi non programmato è prevista una verifica delle conoscenze con l'eventuale assegnazione di Obblighi Formativi Aggiuntivi (OFA) da completare entro il primo anno di corso.
Se il corso di studio di tuo interesse è a numero programmato, devi iscriverti ad un test di ammissione e rientrare nei posti disponibili. In questo caso la verifica della tua preparazione personale è parte della prova di ammissione.
Le modalità per verificare i requisiti e l'adeguatezza della preparazione possono variare da corso a corso.

Immatricolazione

Dopo la verifica dei requisiti d'accesso, puoi compilare la domanda di immatricolazione e procedere con il pagamento delle tasse sul servizio di Ateneo "Studenti Online".
Successivamente, vai in segreteria studenti con un documento valido per attivare il tuo percorso di studi e poter accedere ai servizi di Ateneo.

Quando iscriversi

I corsi possono prevedere tempi diversi sia per la verifica dei requisiti che per le immatricolazioni. Trovi le scadenze specifiche sul sito del corso di tuo interesse.
L'apertura dell'immatricolazione regolare a Lauree e Lauree Magistrali a ciclo unico è il 23 luglio.

(adattato da https://www.unibo.it/it/didattica/iscrizioni-trasferimenti-e-laurea/
iscriversi-corso-di-laurea-laurea-magistrale-a-ciclo-unico-e-laurea-magistrale, 04/04/2020)

3b Leggi di nuovo il testo e indica se le informazioni sono vere o false.

	V	F
1. Gli studenti, per accedere a una Laurea Magistrale a ciclo unico, devono essere in possesso del diploma di scuola media superiore di secondo grado.	○	○
2. Per accedere alle Lauree Magistrali non è sufficiente il diploma di maturità quinquennale.	○	○
3. Per accedere alle Lauree Magistrali è necessario un certificato per attestare le competenze informatiche dello studente.	○	○
4. L'immatricolazione ai corsi di laurea precede la verifica dei requisiti d'accesso.	○	○
5. Lo studente deve terminare gli eventuali Obblighi Formativi Aggiuntivi prima della fine del percorso di laurea.	○	○
6. Per i corsi di laurea a numero programmato i posti disponibili sono limitati.	○	○
7. Gli studenti possono pagare la tassa di immatricolazione sul sito internet dell'università.	○	○
8. Per completare l'immatricolazione non è necessario un documento d'identità.	○	○
9. La segreteria dell'università riceve solo su appuntamento.	○	○
10. I tempi di immatricolazione e verifica dei requisiti sono diversi per i vari corsi di laurea.	○	○
11. La scadenza delle iscrizioni è uguale per tutti i corsi di laurea.	○	○
12. Le immatricolazioni iniziano dopo il mese di giugno.	○	○

4 Produzione scritta

Scrivi una e-mail alla segreteria della tua università: presentati, spiega che hai un diploma ottenuto fuori dall'Italia e chiedi qual è la procedura per iscriversi ai corsi di laurea. (80-120 parole).

UNITÀ 4 - LA SCUOLA

5 Ascolta e scegli l'opzione corretta.

1 Elisa Rossi chiama il professore perché
a) deve laurearsi.
b) deve iscriversi a un esame.
c) ha bisogno di informazioni su un libro.

2 Luca non è andato a scuola perché
a) aveva paura delle interrogazioni.
b) non stava bene.
c) ha litigato con Vincenzo.

3 La libreria "Regina"
a) ha ancora copie disponibili del libro.
b) non ha copie disponibili del libro.
c) accetta ordini per il libro di matematica.

4 Elvira vuole iscrivere suo figlio Luigi alla scuola Garibaldi perché
a) Pasquale ha iscritto suo figlio alla stessa scuola.
b) è vicino a casa sua.
c) ha sentito buone opinioni sulla scuola.

5 Federica chiama Ezio per
a) chiedere informazioni su Marta.
b) chiedere informazioni su un esame universitario.
c) dare informazioni su un esame universitario.

6 Il papà di Tiziana
a) sa usare la piattaforma *WeStudy*.
b) non capisce le spiegazioni ricevute via e-mail.
c) non ha ricevuto informazioni sull'utilizzo della piattaforma *WeStudy*.

percorso CILS B1 cittadinanza

 6 Leggi il testo e completa con l'opzione corretta.

LA VITA UNIVERSITARIA A FERRARA

Come ti sembra la vita a Ferrara? _____ La _____ 0 raccomanderesti?

La vita a Ferrara è tranquilla. La città è piccola e gli abitanti non sono tanti. Quindi lo _____ 1 di vita è abbastanza tranquillo, anche se c'è la possibilità di passare serate più movimentate nel fine settimana. Poi dipende anche con chi vivi e con chi hai contatti.

Quanto costa vivere in Ferrara?

Gli affitti non sono eccessivamente alti. Non stiamo parlando di Bologna o di Milano, ma chiaramente _____ 2 zona ha il suo mercato. I locali non sono costosi: le discoteche hanno un prezzo tra i 10 e i 20 euro per entrare. In passato ho abitato a Bologna e i prezzi _____ 3 molto diversi.

È complicato trovare alloggio a Ferrara? Puoi dare qualche consiglio?

I prezzi delle case sono molto bassi e ci sono molti gruppi Facebook che aiutano i ragazzi nella _____ 4 di una casa economica.

Che posti consigli per uscire a Ferrara?

I locali in centro sono tanti, soprattutto lungo via Mazzini o in piazza del Castello. Sono tanti i bar che fanno aperitivo e bisogna provarli _____ 5. Per passare una serata con gli amici i posti che preferisco sono il "Renfe", un locale con musica rock e, se proprio devo scegliere una discoteca, il College.

Qualche consiglio che vorresti dare ai futuri visitatori di Ferrara?

Ferrara non è assolutamente una città _____ 6. È molto tranquilla e dal punto di vista sociale è ottima per fare amicizie. Ci sono studenti da tutta Italia nella rete universitaria e il mercoledì è un'occasione per conoscere studenti di altre facoltà. È una città ricca di arte, rinascimentale e molto vivibile.

(adattato da https://erasmusu.com/it/erasmus-ferrara/erasmus-esperienze/
esperienza-a-ferrara-italia-di-andrea-370853, 4/04/2020)

0.		A) lo		B) gli		C) la
1.		A) standard		B) stato		C) stile
2.		A) qualche		B) ogni		C) alcuna
3.		A) sarebbero		B) erano		C) sono stati
4.		A) indagine		B) esplorazione		C) ricerca
5.		A) tutti		B) ognuno		C) ciascuno
6.		A) confusa		B) caotica		C) indefinita

UNITÀ 4 - LA SCUOLA

7 Produzione scritta

Tuo figlio deve partecipare al viaggio scolastico annuale della sua scuola. Scrivi una e-mail alla scuola per chiedere informazioni sul viaggio e comunicare che tuo figlio è intollerante al glutine.
(80-120 parole).

8 Ascolta i testi. Poi leggi le informazioni. Indica se le informazioni sono vere o false.

	V	F
1. Al Centro Studi Roma 2000 è possibile riprendere il percorso di studi solo per istituti tecnici.	○	○
2. I corsi di recupero degli anni scolastici sono negli orari mattutini.	○	○
3. Gli studenti possono iscriversi online ai corsi di recupero degli anni scolastici.	○	○
4. Per i corsi di recupero degli anni scolastici non è prevista un'iscrizione.	○	○
5. Gli studenti con minori disponibilità economiche possono pagare un prezzo più basso.	○	○
6. Gli studenti minorenni possono partecipare ai corsi professionali.	○	○
7. Il telegiornale informa su un'iniziativa culturale del Liceo classico di Medicina.	○	○
8. Non tutti i professori erano presenti alla conferenza di apertura del laboratorio musicale.	○	○
9. Nel laboratorio ci sono 10 pianoforti.	○	○
10. Gli studenti non devono pagare per partecipare al laboratorio.	○	○
11. Gli studenti possono iscriversi al laboratorio sul sito del liceo.	○	○
12. L'iniziativa del Liceo classico di Medicina ha ricevuto contributi dall'Unione Europea.	○	○

percorso CILS B1 cittadinanza

9 Produzione orale

- Nella mensa della scuola di tuo figlio hanno introdotto un menù per vegani?
- Cosa ne pensi? Conosci qualcuno che ha fatto questa scelta?
- Consiglieresti a tuo figlio di iniziare una dieta vegetariana o vegana? Perché?

Consiglio:
Parla di questo argomento per 2-3 minuti, registra la tua produzione orale e riascoltala. Rifletti su cosa puoi migliorare.

Appendice Unità 4

Soluzioni

Attività 3b

Risposte corrette:

| 1. V | 2. V | 3. F | 4. F | 5. F | 6. F | 7. V | 8. F | 9. F | 10. V | 11. F | 12. V |

Attività 5

Risposte corrette:

| 1. A | 2. B | 3. B | 4. C | 5. B | 6. C |

Attività 6

Risposte corrette:

| 1. C | 2. B | 3. B | 4. C | 5. A | 6. B |

Attività 8

Risposte corrette:

| 1. F | 2. V | 3. V | 4. F | 5. V | 6. F | 7. V | 8. F | 9. F | 10. V | 11. F | 12. V |

APPENDICE / TRASCRIZIONE DEL TESTO AUDIO

UNITÀ 4 - LA SCUOLA

Attività 5 - Trascrizione del testo audio

1
- **Buongiorno professore, mi chiamo Elisa Rossi e sono una studentessa del corso di laurea di Beni Culturali. Vorrei fissare un appuntamento per parlare della mia tesi, quando sarebbe possibile?**
- Buongiorno signora Rossi, certo, io sono libero il martedì dalle 10 alle 13. Quando preferisce venire?
- **La ringrazio professore, martedì alle 11.30 sarebbe perfetto. Possiamo confermare l'appuntamento?**
- Perfetto, ci vediamo martedì nel mio ufficio.

2
- **Ciao Valeria, sono Luca. Come stai?**
- Ciao Luca, tutto bene. Ma perché non sei venuto oggi a scuola?
- **Ti ho chiamato proprio per questo. Sai, ho la febbre e volevo chiederti che cosa avete fatto durante l'ora di storia. Il professore ha interrogato o ha spiegato un nuovo argomento?**
- Mi dispiace Luca. Non ti preoccupare, il professore non ha spiegato, ha interrogato Vincenzo.

3
- Libreria "Regina", buongiorno. Come posso essere utile?
- Buongiorno signora, avrei bisogno del libro di matematica per la classe 3^B del liceo classico di Potenza. Avete ancora delle copie disponibili?
- **Mi spiace signore, le abbiamo terminate proprio oggi. Se mi lascia un nome e un numero di telefono la chiamo quando arrivano le nuove copie.**
- Perfetto. Mi chiamo Francesco Donato e può chiamarmi al numero…

4
- **Ciao Elvira, tutto bene? Avete già scelto in quale scuola iscrivere Luigi?**
- Ciao Pasquale, sto bene grazie e voi? È da un po' di tempo che non ci vediamo! Mah, guarda noi abbiamo pensato di iscrivere Luigi alla Garibaldi e voi?
- **È vero Elvira, dobbiamo organizzare una cena. Noi ancora non lo sappiamo, perché avete scelto la scuola Garibaldi?**
- Perché una mia amica me ne ha parlato bene.

5
- **Ciao Ezio, hai già fatto l'esame di Storia Contemporanea?**
- Ciao Federica, non ancora. Ho sentito dire che è un esame molto difficile, quindi pensavo di farlo l'anno prossimo. E tu?
- **Nemmeno io. Guarda io pensavo di farlo il mese prossimo. Senti, conosci per caso qualcuno che ha già fatto l'esame?**
- Sì, Marta l'ha superato il mese scorso. Prova a chiamarla!

6
- Buongiorno professoressa Ciciotti, sono il papà di Tiziana della 2^C. Volevo alcune informazioni su come utilizzare la piattaforma online *WeStudy*.
- Buongiorno signor De Cesare, ho inviato una mail a tutti i genitori lunedì mattina, l'ha ricevuta?
- **No professoressa, ho appena controllato e non l'ho ricevuta. Potrebbe rimandarmela per favore?**
- Certo, lo faccio subito.

Attività 8 - Trascrizione del testo audio

Testo 1
Centro Studi Roma 2000. Recupero anni scolastici. Sono aperte le iscrizioni per il nuovo anno accademico. Recupero anni scolastici per Liceo classico, scientifico e artistico, Istituto tecnico per geometri e ragionieri. I corsi si svolgono dal lunedì al venerdì dalle 9:00 alle 14:00. Per le iscrizioni visita il nostro sito internet e scarica la domanda di iscrizione. Le domande di iscrizione devono essere inviate via mail entro il 31 agosto. Occorre allegare alla domanda di iscrizione un documento di identità e la ricevuta del pagamento della tassa di iscrizione pari a 50€. La scadenza per il pagamento della seconda rata è prevista per la fine di gennaio. Sono disponibili sconti per studenti con un reddito inferiore ai 10.000€ annui. Per avere lo sconto bisogna allegare alla domanda di iscrizione la dichiarazione dei redditi dell'ultimo anno.
Sono disponibili inoltre corsi professionali per parrucchieri, idraulici, meccanici ed elettricisti. I corsi si svolgono il pomeriggio dalle 15:00 alle 20:00 e sono aperti a studenti dai 18 anni in su. Per maggiori informazioni e per le iscrizioni vieni a trovarci in via dei Latini 45. Gli uffici sono chiusi durante il fine settimana.
Centro Studi Roma 2000, il tuo ponte per un nuovo futuro!

Testo 2
Passiamo alle notizie provinciali. Il Dirigente Scolastico ha inaugurato il laboratorio musicale del liceo classico Mazzini di Medicina. Alla conferenza di inaugurazione hanno partecipato il dirigente della scuola, l'intero corpo docenti e il responsabile del laboratorio, professor Umberti. Molti i giornalisti e i politici locali presenti che hanno mostrato grande interesse per l'iniziativa. Il laboratorio ha oltre 100 strumenti musicali tra i quali cinque pianoforti, dieci chitarre, una batteria, due bassi, due fisarmoniche, e, inoltre, i più moderni strumenti di amplificazione. Il laboratorio può ospitare 80-100 studenti del Liceo classico di Medicina. Per partecipare, gli studenti non devono pagare nessuna tassa di iscrizione. La partecipazione è riservata agli iscritti del liceo.
Per partecipare basta andare in presidenza e compilare il modulo di iscrizione.
Il laboratorio è aperto il lunedì e il martedì dalle 14:00 alle 18:00. Alla fine del laboratorio gli studenti ricevono un attestato di partecipazione.
Al termine dell'anno scolastico, sono in programma alcuni concerti con protagonisti gli studenti guidati dal professor Umberti. Tra le varie città ricordiamo Bologna, Parma, Modena e Piacenza.
L'iniziativa è stata possibile grazie ai fondi europei per la cultura e alla sponsorizzazione del Conservatorio Musicale di Bologna.

UNITÀ 5
IL TEMPO LIBERO

- UNITÀ 5 - IL TEMPO LIBERO
- APPENDICE E TRASCRIZIONE DEL TESTO AUDIO

percorso CILS (B1) cittadinanza

1 Che cosa fai nel tempo libero?

- amici
- sport
- musica
- cinema

Tempo libero

2 **Produzione orale**

- Ti piace andare al cinema? Che genere di film preferisci?
- Con chi vai al cinema? Sei mai andato al cinema da solo?
- Preferisci guardare un film al cinema o a casa? Perché?

Consiglio:
Parla di questo argomento per 2-3 minuti, registra la tua produzione orale e riascoltala. Rifletti su cosa puoi migliorare.

3a Leggi il testo: secondo te, dove i clienti possono trovare il regolamento della palestra? (in una e-mail, in palestra, in un volantino, ecc.)

REGOLAMENTO DYNAMIC FITNESS CENTER

a) Orari di apertura: la palestra è aperta tutti i giorni dal lunedì al venerdì dalle ore 7:00 alle ore 22:00, il sabato dalle ore 9:00 alle ore 17:30. Chiusa la domenica e i giorni festivi.

b) Iscrizione: quota di iscrizione obbligatoria di Euro 20,00 all'anno, con validità a partire dalla data di iscrizione.

c) Abbonamenti: gli abbonamenti a ingressi hanno validità di 12 mesi e i clienti devono utilizzarli entro tale scadenza. Gli abbonamenti ad ingressi non prevedono il Servizio Istruttori in sala fitness né scheda di allenamento.

d) Certificato medico: è obbligatorio un certificato medico in corso di validità per attività non agonistiche.

e) Comportamento nel Centro fitness: gli iscritti devono rispettare le regole indicate dall'istruttore o dai responsabili del Centro. Eventuali danni materiali sono a carico di chi li ha causati. I clienti devono mettere indumenti e borsoni negli spogliatoi. È severamente vietato fumare all'interno del Centro fitness. I clienti possono consumare cibo e bevande acquistate all'interno del Centro solo nell'area bar. Non è permesso consumare nel Centro cibi portati da fuori. È vietato l'accesso agli animali.

f) Spogliatoi: per ragioni di igiene e sicurezza invitiamo ad utilizzare ciabatte di gomma sulle superfici umide e ad asciugarsi prima di lasciare la zona docce. Inoltre preghiamo di lasciare la doccia, i lavandini ecc. puliti e di rimanere negli spogliatoi solo per il tempo necessario.

g) Interruzione di frequenza: è possibile interrompere la frequenza solo con un certificato medico. In questo caso, gli iscritti possono chiedere di recuperare i giorni persi.

h) La società Dynamic S.r.l. non ha nessuna responsabilità in caso di furti o danneggiamenti a cose o persone nei parcheggi e nelle strade circostanti. Inoltre Dynamic S.r.l. non ha nessuna responsabilità in caso di furti o danneggiamenti a cose anche all'interno delle strutture; per evitare smarrimenti o furti consigliamo l'utilizzo degli armadietti a disposizione nella zona reception.

Grazie per la collaborazione e buon allenamento!

(adattato da https://www.dynamicsanmarino.com/regolamento/ 11/04/2020)

percorso CILS (B1) cittadinanza

3b Leggi di nuovo il testo e indica se le informazioni sono vere o false.

	V	F
1. I clienti possono andare in palestra il sabato dopo le 18:00.	○	○
2. È necessario pagare una tassa di iscrizione.	○	○
3. La tessera annuale di iscrizione include ingressi e scheda di allenamento.	○	○
4. I clienti devono dimostrare di essere in buone condizioni di salute.	○	○
5. Gli iscritti che rompono gli attrezzi sportivi devono pagare per la riparazione.	○	○
6. È possibile lasciare i borsoni all'ingresso della palestra.	○	○
7. All'interno della palestra c'è un'area riservata ai fumatori.	○	○
8. Gli animali domestici possono entrare in palestra.	○	○
9. La direzione della palestra consiglia di usare uno specifico tipo di ciabatte.	○	○
10. La direzione della palestra invita i clienti a lasciare gli spogliatoi in buone condizioni.	○	○
11. Gli iscritti possono sospendere l'iscrizione senza dare spiegazioni.	○	○
12. La direzione della palestra consiglia ai suoi iscritti l'utilizzo di specifiche aree per evitare di perdere i loro oggetti personali.	○	○

4 Produzione scritta

Hai dimenticato l'orologio in palestra. Scrivi una e-mail alla segreteria, descrivi l'orologio e chiedi di metterlo in un luogo sicuro perché puoi andare a prenderlo la settimana prossima.
(80-120 parole).

UNITÀ 5 - IL TEMPO LIBERO

5 Ascolta e scegli l'opzione corretta.

1 **La signora chiama il Teatro dell'Opera per**
   a) avere informazioni sugli orari degli spettacoli.
   b) chiedere il prezzo dei biglietti.
   c) informarsi sulle tipologie di posti.

2 **Vincenzo chiama Giulia per**
   a) avere informazioni sul suo viaggio negli Stati Uniti.
   b) invitarla a uscire con lui.
   c) chiederle come sta.

3 **La signora Del Prete**
   a) prenota un tavolo al ristorante.
   b) vorrebbe prenotare un tavolo al ristorante.
   c) non trova posti disponibili.

4 **Il signor Dal Monte**
   a) chiede informazioni sullo spettacolo delle 18:00.
   b) si lamenta dei servizi del cinema Arcobaleno.
   c) ha perso il telefonino nel cinema.

5 **Caterina dice che**
   a) il libro è più bello del film.
   b) il film è più bello del libro.
   c) il film non le è piaciuto.

6 **Lorenzo**
   a) riesce a convincere Alessandra.
   b) non riesce a convincere Alessandra.
   c) accetta la controproposta di Alessandra.

6 Leggi il testo e completa con l'opzione corretta.

QUALI SONO GLI HOBBY PREFERITI DAGLI ITALIANI?

L'Italia è un paese abitato _____ da_____ ₀ grandi lavoratori, come ci racconta la tradizione, e la maggior parte di loro non trova molto tempo per rilassarsi. Tuttavia, anche se il relax sembra ormai sempre più un sogno, c'è ancora chi cerca di dedicarsi a una o più passioni nel tempo libero.

Secondo l'Osservatorio Findomestic, il 46% delle persone intervistate sceglie di dedicare il tempo libero alla casa o alla famiglia, ma il 54% dichiara di avere un _____ ₁ hobby.

La maggior parte preferisce praticare uno sport, soprattutto il calcio e la palestra, ma anche bricolage e lavoretti creativi, soprattutto il giardinaggio. Tagliare il prato, potare piante e alberi con la giusta attrezzatura, dare l'acqua ai fiori e avere un piccolo orto sono attività che aiutano gli italiani a _____ ₂ lo stress. Dati confermati anche dai maggiori siti di vendita online, che sottolineano l'aumento di _____ ₃ per il giardino. Cresce anche il tempo speso in musei e mostre.

Oggigiorno, anche i social media sono un popolare mezzo di comunicazione usato per rilassarsi oltre alla TV, soprattutto per le persone di età compresa tra i 55 e i 64 anni. Oltre a piante e _____ ₄ di comunicazione, gli italiani amano dedicarsi a lavorare il legno, alla produzione di piccoli oggetti di uso quotidiano.

Fra le donne, oltre al giardinaggio, sono molto popolari il cucito, i social network e la musica. Infatti, sono sempre di più le italiane _____ ₅ si iscrivono a corsi di musica, soprattutto di sassofono, pianoforte e chitarra. Come sempre, nel nostro Paese ci sono molte differenze a livello geografico. In particolare, nel Nord-Ovest i lettori e gli amanti di mostre ed esposizioni nei musei sono più che il doppio rispetto al Sud, dove la maggior parte delle persone sceglie di passare il proprio tempo libero sui social network. La maggior parte delle attività manuali, soprattutto il giardinaggio, si svolgono nelle isole.

Per quanto riguarda le differenti fasce d'età, gli italiani con più tempo da dedicare a sé stessi sono gli universitari e le universitarie, che dicono di avere molto tempo a disposizione per dedicarsi alle _____ ₆ passioni o rilassarsi con gli amici. Quelli che invece dichiarano di aver meno tempo per questo sono le persone comprese tra i 35 e i 44 anni, che normalmente stanno costruendo una carriera e una famiglia. Per questa fascia d'età il tempo libero a disposizione è davvero poco o inesistente.

(adattato da https://www.infocilento.it/2019/07/10/quali-sono-gli-hobby-preferiti-dagli-italiani/ 11/04/2020)

0.	A) di	B) a	C) da
1.	A) piccolo	B) minuscolo	C) discreto
2.	A) verificare	B) controllare	C) esaminare
3.	A) prodotti	B) elementi	C) particolari
4.	A) strumenti	B) strutture	C) mezzi
5.	A) cui	B) chi	C) che
6.	A) sue	B) proprie	C) proprio

UNITÀ 5 - IL TEMPO LIBERO

7 Produzione scritta

Scrivi una e-mail alla biblioteca del tuo comune e chiedi informazioni su come rinnovare la tessera annuale. Chiedi anche come accedere ai cataloghi online.
(80-120 parole).

_____

8 Ascolta i testi. Poi leggi le informazioni. Indica se le informazioni sono vere o false.

V   F

1. Il Teatro dell'Opera offre tre spettacoli giornalieri.
2. Il Teatro dell'Opera prevede sconti per gli spettatori minorenni.
3. I clienti possono comprare i biglietti online.
4. Gli spettatori possono assistere all'Aida nel mese di luglio.
5. Il Teatro dell'Opera offre percorsi particolari per gli studenti.
6. Il sabato gli spettatori possono cenare al ristorante del teatro.

7. Il concorso "Langhe in versi" è nato quindici anni fa.
8. Il professor Giulio Carli è il preside del Liceo classico di Fossano.
9. Possono partecipare al concorso tutti gli studenti delle regioni del Nord Italia.
10. All'ultima edizione del concorso hanno partecipato oltre cento studenti.
11. Il titolo della poesia vincitrice di quest'anno è "Un altro giorno".
12. Il vincitore ha la possibilità di pubblicare un suo libro di poesie.

percorso CILS B1 cittadinanza

9 Produzione orale

- Ti piace leggere? Preferisci libri cartacei o digitali (e-book)?
- Quali generi di libri preferisci?
- Qual è l'ultimo libro che hai letto?
- Qual è un libro che consiglieresti?

Consiglio:
Parla di questo argomento per 2-3 minuti, registra la tua produzione orale e riascoltala. Rifletti su cosa puoi migliorare.

Appendice Unità 5

Soluzioni

Attività 3b

Risposte corrette:

| 1. F | 2. V | 3. F | 4. V | 5. V | 6. F | 7. F | 8. F | 9. V | 10. V | 11. F | 12. V |

Attività 5

Risposte corrette:

| 1. A | 2. B | 3. B | 4. C | 5. A | 6. A |

Attività 6

Risposte corrette:

| 1. A | 2. B | 3. A | 4. C | 5. C | 6. B |

Attività 8

Risposte corrette:

| 1. F | 2. F | 3. V | 4. F | 5. V | 6. V | 7. V | 8. F | 9. F | 10. V | 11. V | 12. F |

APPENDICE / TRASCRIZIONE DEL TESTO AUDIO

UNITÀ 5 - IL TEMPO LIBERO

Attività 5 - Trascrizione del testo audio

1
- Teatro dell'Opera, buongiorno, sono Antonio, come posso aiutarla?
- Buongiorno, senta vorrei alcune informazioni sullo spettacolo dell'Aida di domenica. Volevo sapere se c'è uno spettacolo serale o se quello delle 15:00 è l'unico spettacolo.
- Dunque, di solito la domenica abbiamo un solo spettacolo alle 15:00, ma visto che domenica è Pasqua è previsto anche un secondo spettacolo alle 18:00. Vuole prenotare?
- Fantastico! Certo, prenoto subito. Vorrei due biglietti in platea.

2
- Ciao Giulia, sono Vincenzo. Come stai?
- Ciao Vincenzo, benissimo e tu? Io sono appena rientrata dagli Stati Uniti. Ricordi, avevo quel congresso dell'università?
- Anch'io tutto bene. Sì, mi ricordo del tuo congresso. Senti, che ne dici di andare a fare un aperitivo al bar del Corso stasera alle 19:00?
- Ottima idea, con piacere! Mi passi a prendere tu? Ho tante cose da raccontarti!

3
- Ristorante "Al Porticciolo", buonasera, mi dica.
- Buonasera. Senta, vorrei prenotare un tavolo con vista mare per questa sera. Siamo in otto e arriviamo alle 19:00.
- Certo signora, abbiamo ancora posti disponibili. Purtroppo però non ho tavoli con vista mare, potrebbe andar bene un tavolo al centro della sala?
- Mi dispiace, i miei amici preferiscono mangiare di fronte al mare. La ringrazio lo stesso e buona serata.

4
- Pronto, parlo con il cinema Arcobaleno?
- Sì, buonasera, sono Francesca, mi dica.
- Mi chiamo Marco Dal Monte e sono stato nel vostro cinema oggi pomeriggio allo spettacolo delle 18. Ho lasciato il mio cellulare sulla poltrona, ero seduto al posto 22A. Potrebbe controllare per favore?
- Allora signor Dal Monte, un mio collega ha trovato un cellulare nella sala, un Samsung Galaxy nero, è il suo?

5
- Ciao Caterina, come stai? Hai letto l'ultimo libro di Elena Ferrante?
- Ciao Luca, bene grazie. Sì, l'ho letto, è un libro fantastico, mi sono davvero emozionata. E poi il finale... ho pianto tanto!
- Sì, anch'io mi sono commosso. Ho visto anche il film, bello anche quello, ma preferisco il libro.
- Hai ragione, il libro è tutta un'altra storia!

6
- Ciao Alessandra, sai che domani c'è il concerto di Zucchero a Roma? Ti va di venire con me?
- Ciao Lorenzo, lo sai che io non amo Zucchero. Non mi piacciono le sue canzoni.
- Ma dai, sei sempre la solita, dici sempre così e poi ai concerti ti diverti tantissimo. Ti passo a prendere alle 19:00?
- Tu non cambi mai Lorenzo! Va bene, ti aspetto domani.

Attività 8 - Trascrizione del testo audio

Testo 1
Teatro dell'Opera. Inizia la stagione estiva. Spettacoli pomeridiani e serali a partire dal primo giugno. Offerte speciali per ragazzi fino a 14 anni, studenti universitari e militari. Gli spettacoli pomeridiani sono alle ore 16:00, quelli serali alle 21:00. Per prenotare i biglietti è possibile visitare il nostro sito, chiamare il numero... o passare dal nostro botteghino. Gli spettacoli presenti per questa stagione sono: "L'Aida", dal 1° giugno al 20 giugno, "La Traviata" dal 21 giugno al 10 luglio, "Il Nabucco" dall'11 luglio al 31 luglio, "Rigoletto" dal 1° agosto al 14 agosto.

Il Teatro dell'Opera è aperto per visite scolastiche su appuntamento. Gli studenti possono visitare i camerini degli attori, il palco, le sale e le gallerie e vivere una vera esperienza attraverso il laboratorio teatrale gestito dall'associazione "Giovani in Scena".

Il teatro ha un fantastico bar dove gli spettatori possono fermarsi per un aperitivo prima e dopo gli spettacoli. Il bar rimane aperto dalle 15:00 alle 23:00. Inoltre, il ristorante del teatro offre cene prima dello spettacolo a prezzi davvero convenienti. Il ristorante rimane chiuso la domenica.

Per il rinnovo degli abbonamenti annuali è necessario andare all'ufficio clienti del teatro. Per i nuovi abbonamenti è possibile visitare il nostro sito internet.

Vi aspettiamo per un'altra estate all'Opera.

Testo 2
Passiamo alla rubrica cultura. Ieri nella Biblioteca comunale di Alba tanti cittadini hanno partecipato alla premiazione del concorso letterario "Langhe in versi". Il concorso, arrivato alla 15^ edizione, nasce da un'idea del preside del Liceo classico di Alba, professor Giulio Carli. L'intento del professore è quello di promuovere la poesia tra i giovani residenti nella regione Piemonte.

Quest'anno hanno partecipato 150 studenti delle scuole piemontesi che hanno recitato le loro poesie davanti a un pubblico emozionato per la profondità dei versi.

Il vincitore è un giovane studente di Fossano con una poesia dal titolo "Un altro giorno". Il premio consiste in una somma di 1000€ oltre alla possibilità di pubblicare la poesia in una rivista letteraria.

Le Langhe sono famose in tutto il mondo per i prodotti enogastronomici; con questo concorso gli organizzatori vogliono promuovere la cultura in tutte le sue forme.

UNITÀ 6
L'AMBIENTE

- UNITÀ 6 - L'AMBIENTE
- APPENDICE E TRASCRIZIONE DEL TESTO AUDIO

percorso CILS B1 cittadinanza

1 In che modo questi aspetti influenzano l'ambiente?

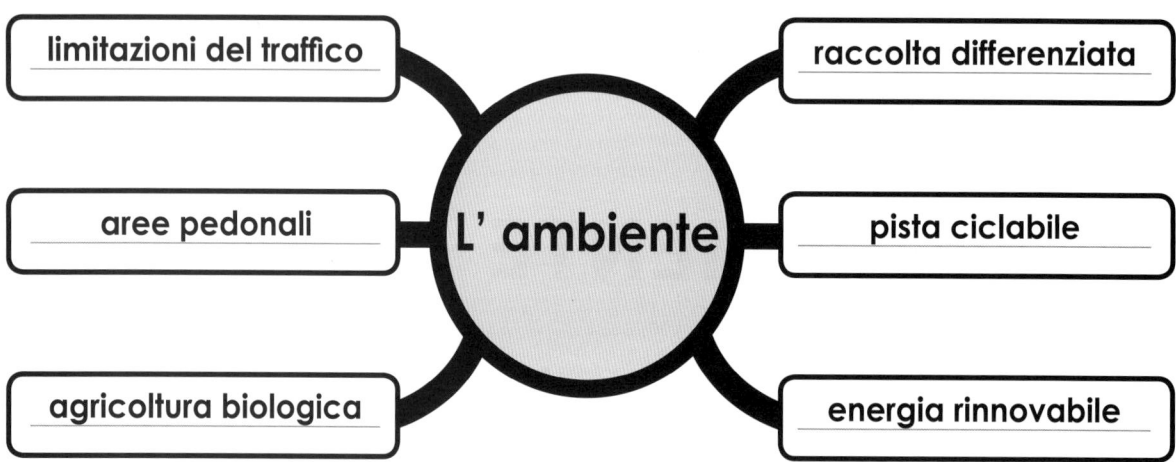

2 Produzione orale

- Quali problemi ambientali ci sono nella tua città?
- Quali iniziative ha preso il tuo comune per proteggere l'ambiente?
- Secondo te cosa funziona di più?
- Cosa si potrebbe fare in futuro?

Consiglio:
Parla di questo argomento per 2-3 minuti, registra la tua produzione orale e riascoltala. Rifletti su cosa puoi migliorare.

3a Leggi il testo. Il Comune di Milano raccoglie un solo tipo di rifiuti due volte alla settimana: quale?

Come funziona
A Milano la raccolta differenziata avviene tramite il servizio "porta a porta": nei giorni previsti ritiriamo i rifiuti a casa vostra.
Separa correttamente i rifiuti ed inseriscili negli appositi contenitori (sacchi e cassonetti) per recuperarli e riciclarli.
Segui le indicazioni.

Come differenziare i rifiuti
SACCO TRASPARENTE NEUTRO: Indifferenziato.
Tutti i rifiuti non riciclabili. Raccolta settimanale.
SACCO GIALLO: plastica e metallo.
Bottiglie, flaconi e sacchetti di plastica, vaschette per alimenti anche in polistirolo, scatolette e barattoli per alimenti in metallo, lattine per bevande. Raccolta settimanale.
CASSONETTO VERDE: solo vetro.
Bottiglie, barattoli e vasetti di vetro. Raccolta settimanale.
CASSONETTO BIANCO: carta e cartone.
Giornali, riviste, libri, quaderni, scatole di cartoncino, cartoni in pezzi, cartoni per cibo bevande (tetrapak). Raccolta settimanale.
CASSONETTO MARRONE: rifiuti organici.
Scarti di frutta e verdura, scarti domestici di carne e pesce, scarti di cucina, avanzi di cibo, riso, pane, biscotti e pasta. Raccolta bisettimanale.

Orari di esposizione rifiuti
La raccolta rifiuti a Milano è prevista per due giorni alla settimana: lunedì e giovedì.
La raccolta rifiuti avviene ovunque di mattina.
I cittadini devono lasciare i rifiuti fuori dalle loro abitazioni tra le 5:00 e le 5:40 del mattino. I cittadini devono ritirare i cassonetti all'interno della loro casa non oltre le ore 10:00.
Puoi trovare maggiori informazioni sul sito internet del Comune di Milano.

(adattato da https://www.amsa.it/cittadini/milano/raccolta-differenziata 09/05/2020)

percorso CILS B1 cittadinanza

3b Leggi di nuovo il testo e indica se le informazioni sono vere o false.

	V	F
1. Il Comune di Milano ritira i rifiuti a casa dei cittadini.	○	○
2. I cittadini devono portare alcuni tipi di rifiuti presso le stazioni ecologiche.	○	○
3. I cittadini devono inserire i rifiuti non riutilizzabili all'interno di un sacco trasparente.	○	○
4. Le persone devono utilizzare un unico sacco per le bottiglie di plastica e le confezioni di metallo per il cibo.	○	○
5. I cittadini devono mettere le confezioni per gli alimenti insieme ai rifiuti organici.	○	○
6. Il cassonetto verde prevede l'inserimento di un solo tipo di materiale.	○	○
7. I cittadini devono inserire i cartoni per alimenti in un cassonetto diverso rispetto a quello della carta.	○	○
8. Il Comune di Milano ritira i rifiuti organici più di due volte a settimana nelle case con più di cinque abitanti.	○	○
9. Il Comune di Milano ritira i rifiuti in orari diversi in base alla zona della città.	○	○
10. I cittadini di Milano devono mettere i rifiuti fuori dalle loro case a un orario specifico.	○	○
11. Il Comune di Milano non richiede ai cittadini di ritirare i cassonetti nelle loro abitazioni.	○	○
12. I cittadini possono trovare maggiori informazioni sulla raccolta differenziata sul web.	○	○

4 Produzione scritta

Il servizio di raccolta differenziata del tuo comune non funziona come previsto. Scrivi una e-mail al comune in cui spieghi la situazione e chiedi di risolvere il problema il prima possibile.
(80-120 parole).

UNITÀ 6 - L' AMBIENTE

 5 Ascolta e scegli l'opzione corretta.

1 **Antonio e i suoi amici hanno organizzato**

   a) una passeggiata in bicicletta fuori città.
   b) una manifestazione per incoraggiare l'uso della bicicletta.
   c) un giro in aree destinate all'uso esclusivo della bicicletta.

2 **L'installazione dei pannelli solari**

   a) è possibile solo in abitazioni con più di cinque persone.
   b) non è prevista in appartamenti condominiali.
   c) dipende dalla grandezza della casa.

3 **Il Comune ha cancellato la manifestazione**

   a) per motivi di pubblica sicurezza.
   b) per svolgere lavori di manutenzione stradale.
   c) a causa del forte inquinamento ambientale.

4 **Gli operatori del Comune di Acireale**

   a) non hanno raccolto i rifiuti per protesta.
   b) sono in ritardo nella raccolta dei rifiuti.
   c) hanno dimenticato di ritirare i rifiuti in via del Mare.

5 **Il macellaio dice che**

   a) la carne biologica proviene da un suo allevamento.
   b) la carne biologica proviene da un allevamento della zona.
   c) la carne biologica proviene dall'estero.

6 **Gli studenti devono inserire carta e cartone**

   a) nello stesso contenitore.
   b) in due contenitori diversi.
   c) la spiegazione della professoressa non è chiara.

percorso CILS B1 cittadinanza

6 Leggi il testo e completa con l'opzione corretta.

FERRARA CITTÀ DELLE BICICLETTE

Guardare a _____ quello _____ ₀ che succede nel resto d'Europa, come a Londra o a Berlino, è sicuramente interessante e stimolante. Tuttavia, anche _____ ₁ noi in Italia ci sono città dove i Comuni incoraggiano l'uso di mezzi di trasporto alternativi.

Ferrara, ad esempio, è un po' la nostra Amsterdam. Quando le persone arrivano, vedono un cartello che dice orgogliosamente che Ferrara è la "città delle biciclette". Circa un terzo dei ferraresi usa la bici quotidianamente, anche grazie alla caratteristica pianeggiante della città. È vero che la città è famosa per un _____ ₂ uso delle due ruote (la prima _____ ₃ ciclabile risale addirittura al 1908), ma l'esempio di Ferrara insegna, ancora una volta, che è necessario uno sforzo attivo e continuo da parte della pubblica amministrazione nel favorire e promuovere i mezzi alternativi.

Il Comune ha esteso la rete di piste ciclabili fino a superare i 100 chilometri. La chiusura del centro storico a tutti i mezzi motorizzati è uno dei più recenti _____ ₄ avanti, mentre la diffusione del servizio di noleggio bici è uno dei prossimi. L'attenzione per le due ruote è evidente anche nella pubblica amministrazione: il Comune nel 1996 _____ ₅ un Ufficio Biciclette.

Se vuoi andare a vedere come funziona la ciclabilità a Ferrara, la cosa migliore è raggiungerla in bicicletta. Fra i tanti percorsi possibili, segnaliamo quello _____ ₆ parte da Bolzano e Eurovelo 8, che collega l'Europa occidentale con il mar Egeo passando per l'Italia settentrionale.

(adattato da https://www.bikeitalia.it/2013/04/04/ferrara-citta-delle-biciclette/ 09/05/2020)

0.	A) quello	B) questo	C) quelli
1.	A) a	B) da	C) con
2.	A) ampio	B) immenso	C) aperto
3.	A) linea	B) rotta	C) pista
4.	A) itinerari	B) passi	C) movimenti
5.	A) ha creato	B) creava	C) creerebbe
6.	A) cui	B) che	C) chi

UNITÀ 6 - L' AMBIENTE

7 Produzione scritta

Hai comprato una bicicletta su internet, ma è arrivata danneggiata. Scrivi una e-mail al servizio clienti, spiega il problema e chiedi come è possibile risolverlo.
(80-120 parole).

_____
_____
_____
_____
_____
_____
_____
_____
_____
_____

8 Ascolta i testi. Poi leggi le informazioni. Indica se le informazioni sono vere o false.

	V	F
1. L'agriturismo "La Maremma" si trova nel Lazio.	○	○
2. Gli ospiti dell'agriturismo sono in una posizione vantaggiosa per raggiungere laghi e mare.	○	○
3. La piscina dell'agriturismo non è adatta ai bambini.	○	○
4. L'agriturismo offre stanze speciali per coniugi.	○	○
5. I clienti possono assaggiare prodotti a chilometro zero.	○	○
6. L'agriturismo è aperto tutti i giorni dell'anno.	○	○
7. La pista ciclabile unisce le città di Livorno e Grosseto.	○	○
8. L'iniziativa nasce per riqualificare le zone degradate della regione.	○	○
9. I promotori dell'iniziativa sono convinti di allungare la stagione turistica.	○	○
10. I promotori vogliono attrarre gli appassionati di enogastronomia.	○	○
11. Fondi europei hanno reso possibile la creazione del percorso ciclabile.	○	○
12. L'iniziativa ha avuto un buon effetto sul turismo locale.	○	○

9 Produzione orale

- Nella tua città è presente una pista ciclabile? La usi spesso?
- Quali sono i vantaggi e gli svantaggi dell'uso della bicicletta in città?
- In che modo il Comune può incoraggiare l'uso dei mezzi pubblici e scoraggiare l'uso delle macchine private?
- Sei favorevole o contrario alla creazione di aree pedonali nei centri storici? Perché?

Consiglio:
Parla di questo argomento per 2-3 minuti, registra la tua produzione orale e riascoltala. Rifletti su cosa puoi migliorare.

Appendice Unità 6

Soluzioni

Attività 3b

Risposte corrette:

| 1. V | 2. F | 3. V | 4. V | 5. F | 6. V | 7. F | 8. F | 9. F | 10. V | 11. F | 12. V |

Attività 5

Risposte corrette:

| 1. C | 2. B | 3. B | 4. A | 5. B | 6. B |

Attività 6

Risposte corrette:

| 1. B | 2. A | 3. C | 4. B | 5. A | 6. B |

Attività 8

Risposte corrette:

| 1. F | 2. V | 3. F | 4. V | 5. V | 6. F | 7. V | 8. F | 9. V | 10. F | 11. F | 12. V |

APPENDICE / TRASCRIZIONE DEL TESTO AUDIO

UNITÀ 6 - L' AMBIENTE

Attività 5 - Trascrizione del testo audio

1
- Ciao Natascia, come stai? Sei libera sabato? Noi andiamo a fare un giro in bicicletta sulla nuova pista ciclabile.
- Ciao Antonio, tutto bene. Che bella idea, vengo molto volentieri! A che ora ci vediamo?
- Benissimo, passiamo da casa tua verso le 10:00, va bene?
- Perfetto, allora vi aspetto.

2
- "Energia Sole", buongiorno! Come posso aiutarla?
- Buongiorno, senta... io vorrei alcune informazioni per installare dei pannelli solari a casa mia.
- Certo signora, lei abita in un condominio o in una villa autonoma? Purtroppo il nostro servizio è disponibile solo in case autonome al momento.
- Che peccato! Abito in un condominio, ma ero veramente molto interessata a questo servizio!

3
- Ciao Gerardo, a che ora andiamo domani alla manifestazione contro l'inquinamento?
- Ciao Patrizia, ma come, non lo sai? Il Comune ha cancellato la manifestazione!
- Cancellata? E perché? Non sapevo niente.
- Sì, perché sono previsti dei lavori sul percorso della manifestazione.

4
- Pronto, comune di Acireale?
- Sì buongiorno, mi dica.
- Volevo segnalarle che questa mattina gli operatori non hanno ritirato i rifiuti organici in via del Mare, è successo qualcosa?
- Sì signora, oggi c'è sciopero degli operatori ecologici, la raccolta è rimandata a domani.

5
- Buongiorno, senta vorrei della carne di vitello, ne ha?
- Certo, abbiamo questa carne che è buonissima. È biologica.
- Ah bene, la producete voi?
- No signora, è un'azienda biologica del territorio.

6
- Professoressa, dove devo buttare la carta del panino?
- Giulio, la carta va nel contenitore giallo.
- Ma il contenitore giallo è anche quello del cartone, vero?
- No, il cartone va nel contenitore arancione!

Attività 8 - Trascrizione del testo audio

Testo 1

Nel cuore della Maremma toscana, in un territorio famoso per il passaggio della civiltà etrusca, c'è l'agriturismo "La Maremma", vicinissimo a zone di interesse turistico, al mare con le sue spiagge incontaminate e le sue acque pulitissime, alle terme e ai laghi.

La campagna fa da cornice naturale all'agriturismo, che è immerso in un giardino pieno di fiori colorati e alberi secolari. Vi attende un soggiorno di riposo per il corpo e per l'anima in cui potete godere del sole e del canto degli uccelli che volano nei cieli della Maremma.

L'agriturismo ha due piscine, una all'aperto perfetta per gli ospiti adulti e una all'interno, riscaldata e adatta ai più piccoli. I clienti possono scegliere tra tre tipologie diverse di stanze: matrimoniale, per le coppie che vogliono passare un fine settimana romantico di assoluto riposo, doppia per gli amici o familiari che vogliono passare qualche giorno in compagnia nella natura e la camera suite per le famiglie.

Nell'agriturismo c'è un ottimo ristorante in cui i clienti possono assaggiare le specialità locali. Offriamo una grande selezione di carni biologiche da animali allevati all'interno della struttura, verdura e frutta da agricoltura biologica coltivate nei nostri terreni.

L'agriturismo è aperto tutto l'anno tranne a Natale, Santo Stefano e Capodanno.

Sconti speciali per le coppie in viaggio di nozze.

Per maggiori informazioni visitate il nostro sito internet.

(adattato da https://www.youtube.com/watch?v=SXVfAO_wqIY 09/05/2020)

Testo 2

Prosegue la creazione del percorso ciclabile tirrenico. Grazie all'apertura del ponte di San Giuliano abbiamo il collegamento da Livorno a Grosseto. Prosegue l'impegno per la realizzazione di questa infrastruttura per utilizzare la bicicletta e per incoraggiare il turismo di chi viaggia in bici. Secondo noi la Ciclovia Tirrenica è un ottimo strumento per rendere la stagione turistica ancora più lunga, anche oltre l'estate. Il nostro obiettivo è quello di attrarre i ciclisti e gli amanti della bicicletta che costituiscono una grande percentuale dei turisti in Italia. Dai dati che abbiamo risulta che negli ultimi due anni oltre otto milioni di tedeschi hanno fatto vacanze del genere. La nostra zona ha tutte le caratteristiche per attrarre gli amanti della bicicletta. In questo modo, i turisti possono apprezzare la bellezza delle nostre città e dei nostri paesaggi. Il progetto di unire l'intera regione con una pista ciclabile sta diventando realtà, grazie ai finanziamenti della Regione Toscana che ha da subito capito l'importanza dell'iniziativa ecologica. Inoltre, è in programma la riqualificazione della "Strada degli Ulivi" per poter estendere la pista ciclabile fino a Rosignano e, così, completare il nostro lavoro. Molti cittadini hanno espresso la loro soddisfazione per l'iniziativa: sono convinti che può avere un'influenza positiva sull'ambiente. Parere positivo anche di albergatori e ristoratori che hanno già notato un forte aumento delle prenotazioni per la stagione estiva.

(adattato da https://www.youtube.com/watch?v=K-2rEpdhA6g 09/05/2020)

UNITÀ 7
LA SANITÀ

- UNITÀ 7 - LA SANITÀ
- APPENDICE E TRASCRIZIONE DEL TESTO AUDIO

percorso CILS B1 cittadinanza

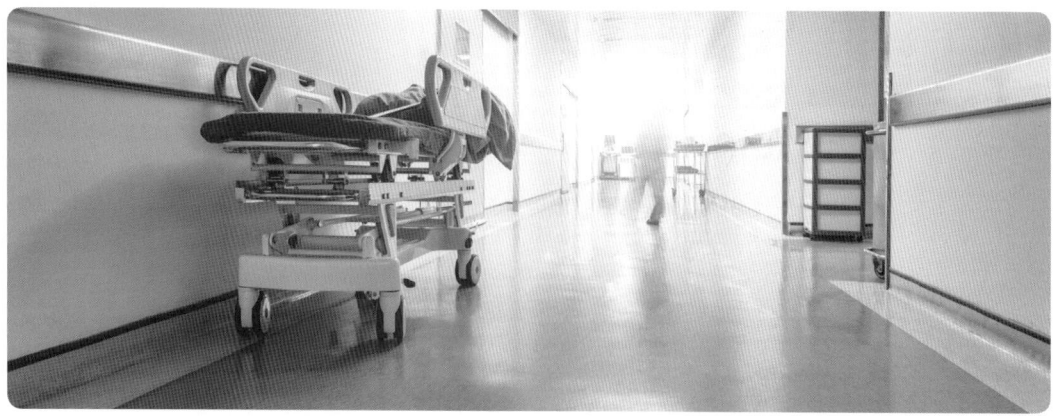

1. Scrivi tutte le parole che associ al sistema sanitario del tuo Paese.

Il sistema sanitario

2. **Produzione orale**

- Conosci il sistema sanitario italiano?
- Quali sono le differenze con il sistema sanitario del tuo Paese?
- Nel tuo Paese il sistema sanitario è totalmente pubblico?
- Che ruolo ha la sanità privata?

Consiglio:
Parla di questo argomento per 2-3 minuti, registra la tua produzione orale e riascoltala. Rifletti su cosa puoi migliorare.

3a Leggi il testo. Chi sono i destinatari di questo regolamento?

Modalità di ammissione e dimissione.

Ammissione

Il paziente deve presentare una domanda presso la segreteria per l'ammissione all'ospedale.

Ai fini dell'ammissione l'ospedale fa una valutazione sulle necessità di assistenza dell'anziano, per inserirlo in un reparto adeguato alle sue condizioni.

Il direttore della struttura decide l'ammissione degli ospiti secondo l'ordine cronologico di presentazione delle domande, in base al livello di assistenza necessario, alla disponibilità dei posti letto nei diversi reparti e al sesso del paziente.

I residenti del Comune di Strambino hanno la precedenza per l'ammissione in ospedale.

L' ospite deve presentare i seguenti documenti:
- certificato del medico che deve escludere malattie infettive e mentali;
- certificato del medico curante per attestare il livello di autosufficienza;
- documento di identità in corso di validità;
- tessera sanitaria Regionale;
- certificato di nascita, residenza e stato di famiglia o relative autocertificazioni;
- eventuali recapiti telefonici di familiari.

Questi documenti restano a disposizione della struttura per tutto il periodo di permanenza dell'ospite.

Al momento dell'ingresso un infermiere scrive una relazione in cui deve elencare i beni di proprietà dell'ospite.

L' infermiere consegna ad ogni ospite e alla sua famiglia il Regolamento della Struttura e la Carta dei Servizi.

Dichiarazione di Impegno

La struttura non ha nessuna responsabilità per la perdita, in qualunque momento, di qualsiasi bene dell' ospite.

Al momento dell'ingresso, l'ospite dichiara di accettare tutte le norme del regolamento.

Dimissione

L' ospite deve avvisare la struttura almeno 15 giorni prima in caso di richiesta di trasferimento in altra struttura.

(adattato da http://www.poveriinfermi.it/modalita-di-ammissione-e-dimissione.html 02/05/2020)

percorso CILS [B1] cittadinanza

3b Leggi di nuovo il testo e indica se le informazioni sono vere o false.

	V	F
1. L' ospedale decide in quale area inserire il paziente.	○	○
2. L' ospedale non accetta pazienti che non hanno sintomi gravi.	○	○
3. I pazienti che presentano prima la richiesta di ammissione hanno la precedenza.	○	○
4. L' ospedale prende in considerazione prima chi abita a Strambino.	○	○
5. Il paziente deve dimostrare di non avere allergie ai farmaci.	○	○
6. Il paziente può consegnare all'ospedale un passaporto al momento dell'ingresso.	○	○
7. Il paziente deve dare all'ospedale i contatti dei suoi familiari.	○	○
8. Al momento dell'ingresso in ospedale il paziente consegna tutti i suoi beni a un infermiere.	○	○
9. L' ospedale non risponde in caso di smarrimento di oggetti dell'ospite.	○	○
10. Il paziente ha la possibilità di non accettare alcune condizioni del regolamento dell' ospedale.	○	○
11. Il paziente può richiedere il trasferimento in un'altra struttura in qualsiasi momento.	○	○
12. Il direttore deve accettare il trasferimento in altra struttura del paziente.	○	○

4 Produzione scritta

Scrivi una e-mail al tuo medico curante per chiedergli la prescrizione di alcuni farmaci che prendi regolarmente. Spiegagli che la tua condizione è peggiorata negli ultimi tempi e chiedigli cosa devi fare.
(80-120 parole).

UNITÀ 7 - LA SANITÀ

5 Ascolta e scegli l'opzione corretta.

1 Umberto chiama Tiziana per
   a) dirle che Caterina ha la febbre.
   b) dirle che stamattina è uscito di fretta e non ha controllato la febbre di Caterina.
   c) chiederle le condizioni di salute di Caterina.

2 Il signor Micanti telefona alla dottoressa Rossi per
   a) chiederle il nome di un farmaco per la tosse.
   b) chiederle informazioni su un farmaco per la tosse.
   c) chiederle consigli per curare la sua tosse.

3 Il farmacista chiede alla cliente
   a) da quanto tempo ha il mal di testa.
   b) se il mal di testa è l'unico problema che ha.
   c) se ha allergie ai farmaci.

4 Giulio è sorpreso perché
   a) sono 15 giorni che Daniela non esce di casa.
   b) Daniela ha preso la varicella da adulta.
   c) Daniela non può andare alla sua festa.

5 La signora Maresca chiama il laboratorio analisi
   a) per chiedere informazioni sulle analisi che ha fatto.
   b) per prendere un appuntamento per fare le analisi.
   c) per sapere se il laboratorio è aperto.

6 La signora Bianchi
   a) è sorpresa per la chiamata del professore.
   b) non è sopresa per la chiamata del professore.
   c) chiede spiegazioni sul problema del figlio.

87

6 Leggi il testo e completa con l'opzione corretta.

ANTIBIOTICI NATURALI: ECCO ___QUELLI___ ₀ RICONOSCIUTI DALLA SCIENZA
(E A COSA SERVONO)

Secondo uno studio dell'Università del Michigan, solo il 13% degli antibiotici prescritti è davvero indispensabile. In natura _____ ₁ già degli antibiotici naturali riconosciuti dalla comunità scientifica.

La natura ci viene incontro come _____ ₂ ai farmaci tradizionali per tutti quelli che vogliono limitare o ridurre l'uso degli antibiotici chimici. Ma vediamo quali sono gli antibiotici naturali che possiamo utilizzare.

Zenzero – Recenti studi hanno individuato nello zenzero _____ ₃ dei dieci alimenti, dotati dei più alti livelli di attività anti-cancro. Questa radice avrebbe una funzione protettiva contro i tumori, in particolare quello del colon retto. Inoltre, è in grado di guarire _____ ₄ disturbi comuni, a partire da raffreddori e influenza. Per usufruire degli effetti benefici dello zenzero bisognerebbe assumere una quantità compresa tra i 10 e i 30 grammi al giorno.

Aglio – Nonostante l'odore non proprio gradevole, l'aglio è un vero alleato nel trattamento contro molti batteri come la Salmonella e l'Escherichia Coli. Uno studio inglese ha evidenziato che assumere integratori di aglio ogni giorno per 12 settimane può ridurre episodi di raffreddore del 63%. L'aglio ha la capacità anche di ridurre la _____ ₅ del sangue e il colesterolo LDL.

Echinacea – L'echinacea è da lungo tempo utilizzata per rafforzare il sistema _____ ₆. È considerata utile per la prevenzione e per la cura di malattie stagionali come il raffreddore e l'influenza.

Cipolla – Contiene sostanze con proprietà antibiotiche. Inoltre, è dotata anche di attività antinfiammatoria e sembra utile nella prevenzione dell'arterosclerosi.

(adattato da https://www.soluzionibio.it/benessere-stile-vita/antibiotici-naturali-quali-sono/ 02/05/2020)

0.	A) quelli	B) questi	C) quelle
1.	A) esiste	B) esisteva	C) esistono
2.	A) proposta	B) alternativa	C) possibilità
3.	A) uno	B) qualcuno	C) qualche
4.	A) fitti	B) numerosi	C) folti
5.	A) pressione	B) pressatura	C) tensione
6.	A) immune	B) immunitario	C) immunizzato

UNITÀ 7 - LA SANITÀ

7 Produzione scritta

Ti sei appena trasferito in una città italiana. Scrivi una e-mail al Comune per chiedere informazioni su come ottenere la tessera sanitaria.
(80-120 parole).

8 Ascolta i testi. Poi leggi le informazioni. Indica se le informazioni sono vere o false.

	V	F
1. Il messaggio parla di un centro estetico per sole donne.	○	○
2. I clienti del centro "Fiore di Loto" possono usufruire di percorsi benessere.	○	○
3. Il bar del centro è aperto tutti i giorni dalle 8:00 alle 22:00.	○	○
4. Il centro offre uno sconto del 50% ai primi clienti che prenotano i servizi.	○	○
5. I clienti del centro possono usufruire di prezzi speciali grazie agli abbonamenti.	○	○
6. I clienti di età superiore ai 65 anni possono avere degli sconti sui servizi.	○	○
7. La donna presenta i vantaggi dei vaccini antinfluenzali.	○	○
8. Secondo la professoressa, rispetto al passato non ci sono state grandi evoluzioni nei vaccini antinfluenzali.	○	○
9. Secondo la professoressa, i vaccini non danno gli effetti desiderati a tutti i pazienti.	○	○
10. Un tipo di vaccino antinfluenzale può essere più o meno adeguato a un paziente in base alle sue caratteristiche.	○	○
11. Secondo la professoressa, i vaccini antinfluenzali non possono essere dannosi per i pazienti.	○	○
12. Il vaccino è efficace contro il virus influenzale perché contiene il virus stesso.	○	○

percorso CILS (B1) cittadinanza

9 Produzione orale

- Cosa pensi dei rimedi naturali come alternativa ai farmaci tradizionali?
- Hai mai provato qualche prodotto naturale?
- È stato efficace?
- Lo consiglieresti ai tuoi amici?

Consiglio:
Parla di questo argomento per 2-3 minuti, registra la tua produzione orale e riascoltala. Rifletti su cosa puoi migliorare.

Appendice Unità 7

Soluzioni

Attività 3b

Risposte corrette:

| 1. V | 2. F | 3. V | 4. V | 5. F | 6. V | 7. V | 8. F | 9. V | 10. F | 11. F | 12. F |

Attività 5

Risposte corrette:

| 1. C | 2. C | 3. B | 4. B | 5. A | 6. B |

Attività 6

Risposte corrette:

| 1. C | 2. B | 3. A | 4. B | 5. A | 6. B |

Attività 8

Risposte corrette:

| 1. F | 2. V | 3. F | 4. F | 5. V | 6. V | 7. V | 8. F | 9. F | 10. V | 11. V | 12. F |

APPENDICE / TRASCRIZIONE DEL TESTO AUDIO

UNITÀ 7 - LA SANITÀ

Attività 5 - Trascrizione del testo audio

1
- **Ciao Tiziana, come sta Caterina? Ha ancora la febbre? Quando sono uscito questa mattina scottava.**
- Ciao Umberto, sì purtroppo ha ancora la febbre a 39, le ho appena dato del paracetamolo.
- **Hai chiamato il medico?**
- Sì, ho provato tante volte ma non risponde, adesso riprovo.

2
- **Buongiorno dottoressa Rossi, sono Angelo Micanti. La chiamo perché ho ancora una forte tosse, sono almeno quindici giorni.**
- Buongiorno signor Micanti, è una tosse grassa o secca?
- **Direi secca. Cosa posso prendere?**
- Prenda lo sciroppo TosseStop, un cucchiaio la mattina prima di fare colazione e un cucchiaio la sera prima di andare a letto.

3
- **Buongiorno, avrei bisogno di una medicina per il mal di testa, che cosa mi consiglia?**
- Sì, certo, ha anche altri sintomi?
- **No, ho solo un forte mal di testa che continua da quattro o cinque ore.**
- Allora prenda questo farmaco, massimo tre pasticche al giorno, una dopo ogni pasto.

4
- **Ciao Daniela, è un po' di tempo che non ci sentiamo, come stai?**
- Ciao Giulio, lo so, purtroppo ho la varicella e sono quindici giorni che non esco di casa.
- **La varicella? Ma dai! Non l'hai avuta da piccola?**
- Eh no, purtroppo no e ho anche la febbre molto alta, quindi non posso venire alla tua festa.

5
- **Buongiorno dottore, sono Antonia Maresca. Sono pronte le mie analisi?**
- Buongiorno signora Maresca, quando ha fatto il prelievo?
- **Sono venuta martedì scorso.**
- Un attimo che controllo... ah sì, eccole, sono pronte. Può venire a ritirarle quando vuole.

6
- **Buongiorno signora Bianchi, sono il professor Martelli. Suo figlio purtroppo ha un forte mal di pancia e vorrebbe tornare a casa.**
- Buongiorno professore, mi dispiace, in effetti anche questa mattina non stava bene. Va bene se vengo tra trenta minuti?
- **Certo signora, non si preoccupi.**
- La ringrazio, a presto.

Attività 8 - Trascrizione del testo audio

Testo 1

Stanco del tuo lavoro? Stanco dei troppi impegni? Centro benessere "Fiore di Loto", il posto ideale per rilassarti e per prenderti cura del tuo corpo. Una pausa dai ritmi della vita quotidiana. Apre a Roma dal 15 marzo in via dei Gracchi 14. Offriamo una grande varietà di servizi come massaggi, spa con piscina riscaldata, cromoterapia, sauna e bagno turco, percorsi benessere guidati da esperti del settore. Nel centro è presente un bar per piccole soste gastronomiche dove è possibile assaggiare numerose tisane rilassanti e purificanti oltre a pasti leggeri e salutari. Offerta lancio: per i primi cinquanta clienti che prenotano un trattamento c'è lo sconto del 20%. Approfitta dei vantaggiosi prezzi dei nostri abbonamenti settimanali, mensili o annuali, prezzi speciali per i ragazzi al di sotto dei 18 anni e per gli over 65. Per prenotare visita il nostro sito o chiama il nostro ufficio tutti i giorni dalle 8:00 alle 22:00. Centro benessere "Fiore di Loto", la tua strada per il benessere.

Testo 2

La vaccinazione antinfluenzale sicuramente è il principale strumento che abbiamo per combattere questa malattia, che provoca tanti problemi in questa stagione fredda. Sicuramente i vaccini antinfluenzali che abbiamo a disposizione sono vaccini evoluti rispetto a quelli del passato, sono vaccini molto sicuri e ben tollerati dall'organismo umano e questo è un dato molto importante per noi e poi sono vaccini efficaci. Ovviamente dobbiamo dire che non sono vaccini efficaci al 100%, ma circa al 60% visto che il virus influenzale è un virus in continuo cambiamento. Sono presenti tre diversi tipi di vaccini e, per questo, il medico può individuare il vaccino più adatto in base alle condizioni di salute del paziente e alla sua età. Per questo motivo è molto importante seguire le indicazioni del proprio medico di fiducia. Molti mi chiedono se i vaccini sono sicuri. Devo dire che i vaccini, come tutti i medicinali, sono sottoposti a un controllo molto rigido sia nella fase di studio che nella fase di vendita al paziente. Inoltre, i pazienti possono segnalare gli effetti collaterali all'Agenzia Nazionale del Farmaco che raccoglie tutti questi dati. Di solito per il vaccino antinfluenzale non sono mai stati segnalati effetti collaterali di rilievo. Devo anche contraddire tutti quelli che dicono che il vaccino fa ammalare le persone perché il vaccino non contiene il virus, ma sostanze per proteggere dal virus.

UNITÀ 8
LA LINGUA ITALIANA

- UNITÀ 8 - LA LINGUA ITALIANA
- APPENDICE E TRASCRIZIONE DEL TESTO AUDIO

percorso CILS B1 cittadinanza

1 Da quanto tempo studi l'italiano? Perché hai iniziato?

2 **Produzione orale**

- Cosa è più difficile per te nello studio della lingua italiana? Secondo te quali verbi sono più difficili?
- Nel tuo Paese si studia la lingua italiana?
- Secondo te perché la lingua italiana è molto amata nel mondo?

Consiglio:
Parla di questo argomento per 2-3 minuti, registra la tua produzione orale e riascoltala. Rifletti su cosa puoi migliorare.

UNITÀ 8 - LA LINGUA ITALIANA

 3a Leggi il testo: secondo te che cos'è il "Visto di studio"?

Come iscriversi ai corsi di italiano.
PAGAMENTO
Tipi di pagamento accettati dall'Istituto Dante Alighieri:
- contanti;
- carte di credito: American Express, MasterCard e Visa solo nei nostri uffici;
- travellers Cheques;
- bonifico bancario (tutte le spese bancarie sono a carico dello studente).

VISTO DI STUDIO
Per ottenere il Visto di studio sono necessari i seguenti documenti:
- passaporto in corso di validità con scadenza superiore di almeno tre mesi a quella del visto richiesto;
- biglietto aereo;
- fotografia recente in formato tessera;
- dichiarazione della disponibilità di un alloggio in Italia;
- documentazione di iscrizione al corso di lingua italiana, rilasciato dalla scuola. Il documento deve indicare che lo studente è iscritto al nostro Istituto, la tipologia di corso e la durata;
- ricevuta di pagamento;
- dimostrazione della disponibilità economica per il periodo di permanenza in Italia;
- copertura sanitaria/assicurativa INA ASSITALIA: 6 mesi 71,00 euro, 12 mesi 120,00 euro.

Lo studente che ha ottenuto il Visto di studio deve, entro 8 giorni dall'arrivo in Italia, presentare il kit per la richiesta del permesso di soggiorno negli Uffici Postali.
Gli studenti che ricevono il "Certificato" per ottenere il Visto di studio per l'Italia non possono chiedere alcun rimborso se decidono di interrompere il corso o cancellare la loro iscrizione.
Se lo studente non riceve il Visto di studio, può ottenere il rimborso totale della somma versata, tranne i 150,00 euro per le spese di segreteria.

CANCELLAZIONI
Lo studente deve comunicare la cancellazione dell'iscrizione ai corsi via e-mail alla segreteria dell'Istituto Dante Alighieri.
- Se lo studente cancella fino a 20 giorni prima dell'inizio del corso, l'Istituto trattiene il 20% della quota.
- Se lo studente cancella da 19 a 10 giorni prima dell'inizio del corso, l'Istituto trattiene il 30% della quota.
- Se lo studente cancella meno di 9 giorni prima dell'inizio del corso, lo studente non ha diritto ad alcun rimborso.

Non è previsto alcun rimborso per gli studenti che iniziano il corso in ritardo o decidono di non terminare il loro corso.
Le quote versate non possono essere trasferite ad altri studenti.
Se uno studente, per seri motivi, è costretto ad interrompere il corso, l'Istituto gli dà un buono pari alle lezioni non frequentate. Questo buono è valido per l'anno in corso. Con un preavviso minimo di 4 settimane, gli studenti che frequentano corsi di 24 o più settimane possono interrompere la frequenza per un breve periodo di tempo.

CORSI
L'Istituto può posticipare o cancellare un corso di gruppo se non raggiunge il numero minimo di studenti.

(adattato da http://www.dantealighieri.org/iscrizioni-corsi-lingua-italiana.php?b= 11/04/2020)

percorso CILS (B1) cittadinanza

3b Leggi di nuovo il testo e indica se le informazioni sono vere o false.

	V	F
1. Gli studenti possono pagare l'iscrizione alla scuola con un assegno.	○	○
2. Per ottenere il Visto di studio, gli studenti devono allegare una prova del loro viaggio in Italia.	○	○
3. Per ottenere il Visto di studio non è necessario dimostrare di avere soldi sufficienti per vivere in Italia.	○	○
4. Per ottenere il Visto di studio è essenziale avere un'assicurazione.	○	○
5. Lo studente deve presentare la richiesta per il Visto in questura.	○	○
6. Lo studente che non ottiene il Visto di studio non può ricevere alcun rimborso.	○	○
7. Lo studente che cancella con almeno 20 giorni di anticipo riceve un rimborso dell'80%.	○	○
8. Gli studenti possono ricevere un rimborso totale del corso se cancellano entro 9 giorni dall'inizio.	○	○
9. Gli studenti che non completano il corso non hanno diritto a nessun rimborso.	○	○
10. Se uno studente non termina il corso, un suo amico può completarlo.	○	○
11. In caso di gravi motivi di salute, lo studente ha la possibilità di sospendere il corso e terminarlo entro la fine dell'anno.	○	○
12. La scuola ha bisogno di un numero minimo di studenti per attivare un corso.	○	○

4 Produzione scritta

Scrivi una e-mail alla scuola di lingue "Buongiorno Italia" e chiedi informazioni su come iscriversi ai corsi di italiano. Nella e-mail scrivi anche che hai bisogno di un alloggio e puoi spendere al massimo 300€ a settimana.
(80-120 parole).

UNITÀ 8 - LA LINGUA ITALIANA

5 Ascolta e scegli l'opzione corretta.

1 Charlotte chiama Marc perché
   a) non ha capito quali esercizi fare.
   b) non ha capito la differenza tra due tempi verbali.
   c) vuole dargli una spiegazione sul passato prossimo.

2 I corsi di mattina
   a) costano meno di quelli del pomeriggio.
   b) costano più di quelli del pomeriggio.
   c) hanno lo stesso prezzo di quelli del pomeriggio.

3 Per partecipare al seminario
   a) non occorre pagare una tassa di iscrizione.
   b) bisogna visitare la pagine facebook della scuola.
   c) bisogna informarsi sulla tassa di iscrizione.

4 Secondo Marta
   a) si scrive "qual'è".
   b) si scrive "qual è".
   c) si scrive "quale è".

5 Il professor Seravia
   a) conferma la sua partecipazione.
   b) non conferma la sua partecipazione.
   c) non crede di poter partecipare al seminario.

6 Carlo spesso sbaglia
   a) l'uso delle doppie.
   b) le vocali.
   c) l'uso della S e della z.

percorso
CILS B1 cittadinanza

  6 Leggi il testo e completa con l'opzione corretta.

L'ITALIANO È LA QUARTA LINGUA PIÙ STUDIATA ____AL____ ₀ MONDO
(SUPERATO IL FRANCESE)

Fare una classifica delle lingue più parlate al mondo non è facile come si _____ ₁ pensare.
In base alla classifica 2018 fatta da Ethnologue, al primo posto per _____ ₂ di persone che parlano una lingua c'è l'inglese (1 miliardo e 190 milioni di persone). Al secondo il cinese mandarino (1 miliardo e 107 milioni di persone). Al terzo posto arriva l'hindi-urdu (697,4 milioni di persone). A seguire spagnolo (512,9 mln), arabo (422 mln), francese (284,9 mln), malese (281 mln), russo (264,3 mln), bengalese (261,8 mln) e portoghese (236,5 mln).
L'italiano è invece al 21° posto della classifica, con oltre 67 milioni di persone che _____ ₃ parlano.

Italiano al quarto posto

Per quanto riguarda la classifica delle lingue _____ ₄ più studiate, in Italia, in Europa e anche in altri Paesi al primo posto c'è l'inglese. Sempre secondo il rapporto della Commissione Europea del 2017, il francese è al secondo posto come lingua straniera con il 33,8% degli alunni _____ ₅ la scelgono, seguita dal tedesco, con il 23,1%, poi lo spagnolo (13,6%), il russo (2,7%) e l'italiano (1,1%). Nel mondo, dopo inglese, spagnolo e cinese, l'italiano è la quarta lingua più studiata, prima del francese. Questo _____ ₆ è del 2014-2015, quando lo studio dell'italiano ha avuto un boom ed è passato da 1,7 milioni di studenti (2013-2014) a più di 2 milioni il biennio dopo.

(adattato da https://www.agi.it/cronaca/italia_francia_lingue_piu_studiate-5048814/news/2019-02-24/ 11/04/2020)

0.	A) al	B) dal	C) sul
1.	A) potere	B) è potuto	C) potrebbe
2.	A) numero	B) misura	C) dimensione
3.	A) ci	B) gli	C) lo
4.	A) strane	B) straniere	C) estranee
5.	A) che	B) chi	C) cui
6.	A) effetto	B) risultato	C) frutto

UNITÀ 8 - LA LINGUA ITALIANA

7 Produzione scritta

Scrivi una e-mail a un tuo amico e convincilo a partire con te per due settimane di viaggio studio in Italia.
(80-120 parole).

8 Ascolta i testi. Poi leggi le informazioni. Indica se le informazioni sono vere o false.

V   F

1. Alla conferenza hanno partecipato docenti di lingua italiana.
2. Alla conferenza hanno partecipato i presidi delle scuole della provincia di Pavia.
3. Alcune università italiane hanno contribuito all'organizzazione della conferenza.
4. I professori hanno parlato delle differenze tra la lingua italiana di ieri e di oggi.
5. Il professor Tavullo ha fatto una ricerca sull'italiano in alcuni Paesi europei.
6. Il sindaco di Pavia ha detto che l'argomento della conferenza del prossimo anno è lo studio delle lingue straniere nelle scuole della provincia di Pavia.

7. Nella rubrica "La lingua duole" di oggi, hanno parlato del rapporto degli italiani con la lingua italiana.
8. Nella rubrica hanno detto che molti italiani sbagliano a scrivere la parola "purtroppo".
9. Nella rubrica non hanno parlato di errori relativi ai pronomi indiretti.
10. L'uso del congiuntivo è difficile anche per gli italiani.
11. Il professor Calenda ha detto che l'italiano di oggi è uguale all'italiano di ieri.
12. Il professor Calenda ha detto che uomini e donne usano l'italiano in modo diverso.

percorso CILS B1 cittadinanza

9 Produzione orale

- Pensa alla tua lingua: quali sono gli errori più comuni?
- Ci sono errori che ti danno molto fastidio? Ci sono errori che riesci a sopportare? Perché?
- Secondo te, la tua lingua è cambiata nel tempo?

Consiglio:
Parla di questo argomento per 2-3 minuti, registra la tua produzione orale e riascoltala. Rifletti su cosa puoi migliorare.

Appendice Unità 8

Soluzioni

Attività 3b

Risposte corrette:

| 1. F | 2. V | 3. F | 4. V | 5. F | 6. F | 7. V | 8. F | 9. V | 10. F | 11. V | 12. V |

Attività 5

Risposte corrette:

| 1. B | 2. A | 3. A | 4. B | 5. B | 6. C |

Attività 6

Risposte corrette:

| 1. C | 2. A | 3. C | 4. B | 5. A | 6. B |

Attività 8

Risposte corrette:

| 1. V | 2. F | 3. V | 4. F | 5. V | 6. F | 7. V | 8. V | 9. F | 10. V | 11. F | 12. F |

APPENDICE / TRASCRIZIONE DEL TESTO AUDIO

UNITÀ 8 - LA LINGUA ITALIANA

Attività 5 - Trascrizione del testo audio

1
- **Ciao Marc, hai fatto i compiti di italiano per domani? Non ho capito la differenza tra passato prossimo e imperfetto.**
- Ciao Charlotte, sì ho appena finito. Non è difficile, dai! Con quale esercizio hai difficoltà?
- **Il numero cinque di pagina 101: qui hai usato il passato prossimo o l'imperfetto?**
- Allora... ho usato il passato prossimo perché è un'azione iniziata e finita nel passato. Hai capito?

2
- **"Lucca Lingue", buongiorno. Sono Evelina, come posso aiutarla?**
- Buongiorno Evelina, mi chiamo James Blanc, sono inglese e vorrei fare un corso di italiano nella vostra scuola. Avrei bisogno di alcune informazioni su date e costi.
- **Certo signor Blanc, i nostri corsi iniziano tutti i lunedì e il prezzo è di 150€ a settimana per i corsi di mattina e 180€ a settimana per i corsi di pomeriggio.**
- Perfetto, come posso iscrivermi al corso che inizia il prossimo lunedì?

3
- **Ciao Francesco, hai sentito del prossimo seminario per insegnanti di italiano di aprile?**
- Ciao Patrizia, no non so niente! Di cosa si tratta?
- **È un seminario sull'uso dei social network per l'insegnamento, è molto interessante ed è gratuito. Ti va di venire con me?**
- Certo Patrizia, molto volentieri. Come facciamo ad iscriverci?

4
- **Giulio, hai scritto qual è con l'apostrofo, non lo sai che è sbagliato?**
- Ma che dici Marta, bisogna scriverlo con l'apostrofo! È "qual", non "quale".
- **No Giulio, guarda che ti sbagli, non c'è bisogno di scrivere l'apostrofo perché "qual" è un'altra parola.**
- Forse hai ragione, correggo subito.

5
- **Pronto, buongiorno professor Seravia, chiamo dall'Università di Firenze. Vorremmo invitarLa al 15° seminario della lingua italiana nel mondo del prossimo giugno.**
- Buongiorno, La ringrazio per l'invito. Per quale giorno è previsto il seminario?
- **Il seminario è mercoledì 21 giugno, avrei bisogno della conferma entro il 30 maggio.**
- D'accordo, Le faccio avere una risposta entro una settimana.

percorso CILS B1 cittadinanza

6
- Claudia, hai visto quella scritta sul muro: "Questo amore immenzo per te". È davvero romantica anche se sbagliata!
- Hai ragione Antonio, anche se sbagliata è un pensiero davvero bello. Sai chi l'ha scritta?
- **Non sono sicuro, ma secondo me è stato Carlo. Lui spesso confonde la S e la Z.**
- È vero, lui fa sempre errori del genere.

Attività 8 - Trascrizione del testo audio

Testo 1
L'italiano fuori dall'Italia. Oltre cento insegnanti di italiano hanno partecipato a questa conferenza che è stata organizzata dal Comune di Pavia in collaborazione con le università di Perugia, Siena e Venezia. I professori di queste università hanno parlato della diffusione della lingua italiana oltre i confini nazionali. Il professor Cirelli ha descritto le caratteristiche dell'italiano del Canton Ticino in Svizzera, poi la professoressa Bondi ha parlato dell'italiano delle ex colonie italiane in Africa (Libia, Eritrea ed Etiopia). Successivamente il professor Tavullo ha presentato i risultati della sua ricerca sul caso particolare dell'italiano nell'Est Europa (Croazia, Slovenia e Albania). La conferenza si è conclusa con un saluto del sindaco di Pavia ai presenti. Il sindaco ha ringraziato tutti per la calorosa partecipazione e ha anticipato il programma per il prossimo anno. Ha parlato di nuovi incontri per favorire la promozione della lingua italiana tra gli studenti stranieri che frequentano le scuole della provincia di Pavia.

Testo 2
Per la rubrica "La lingua duole" oggi parliamo dei principali errori che fanno gli italiani quando usano la loro lingua. Secondo il professor Calenda dell'Università di Catania, il principale errore è il non corretto uso dell'apostrofo quando scrivono "qual è". Come tutti sappiamo, la grafia corretta è senza apostrofo. Al secondo posto, la grafia errata di "purtroppo", che molti italiani scrivono con la L al posto della R Poi abbiamo l'uso del pronome indiretto "gli" (maschile) anche quando ci si rivolge a una donna, ad esempio "Gli ho detto" invece di "Le ho detto". Le cose diventano ancora più complicate quando si arriva all'utilizzo del congiuntivo. Oggi sembra quasi normale sentire frasi come "Voglio che tu sei felice, voglio che stai bene" anche se dovremmo utilizzare il congiuntivo. Secondo il professor Calenda l'italiano è una lingua in continuo cambiamento e, quindi, dobbiamo prepararci a nuovi sviluppi.

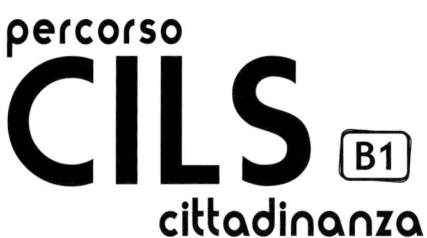

percorso
CILS B1
cittadinanza

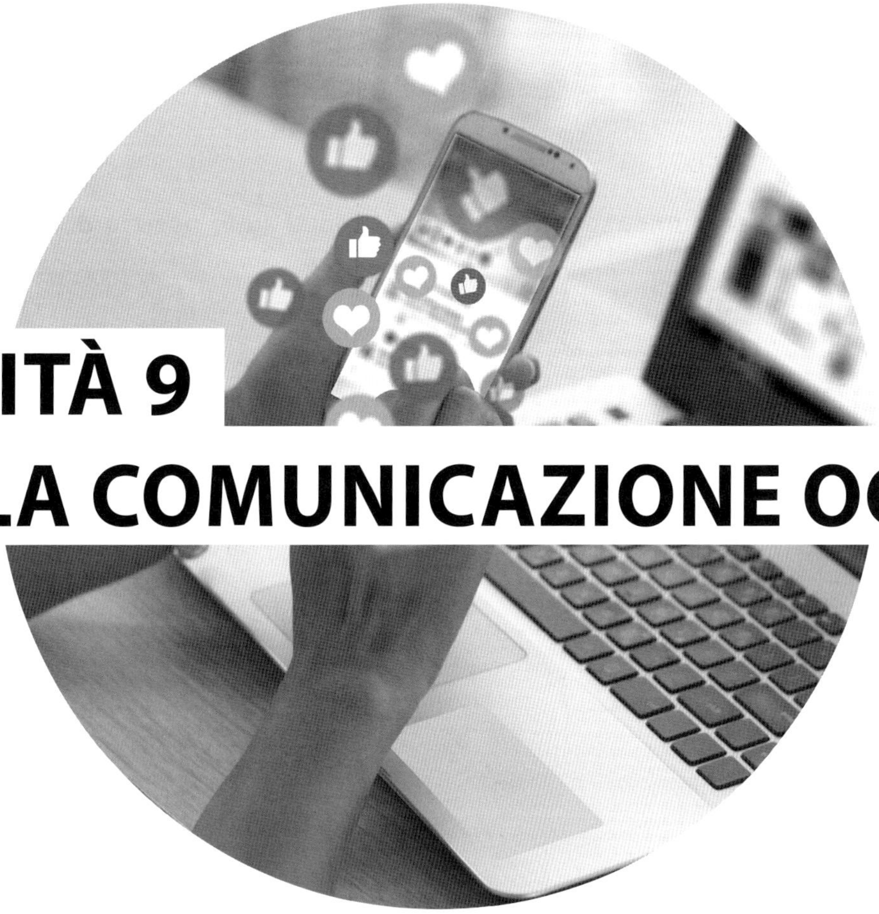

UNITÀ 9
LA COMUNICAZIONE OGGI

- UNITÀ 9 - LA COMUNICAZIONE OGGI
- APPENDICE E TRASCRIZIONE DEL TESTO AUDIO

percorso CILS B1 cittadinanza

1 Quali mezzi di comunicazione usi per informarti sulle notizie di attualità?

2 Produzione orale

- Qual è il tuo rapporto con i social network?
- Quanto tempo passi al giorno sui social network?
- Quali social network usi di più?
- Quali sono gli aspetti negativi che nascono da un uso sbagliato dei social network?

Consiglio:
Parla di questo argomento per 2-3 minuti, registra la tua produzione orale e riascoltala. Rifletti su cosa puoi migliorare.

UNITÀ 9 - LA COMUNICAZIONE OGGI

 3a Leggi il testo. Chi sono i destinatari del regolamento?

Come usare alcuni strumenti di Facebook senza rischiare multe
In Italia esistono leggi precise che regolano l'organizzazione di concorsi a premi su Facebook (Facebook contest) che bisogna tenere in considerazione per evitare sanzioni.
In questo articolo spieghiamo le regole generali da seguire per la realizzazione di un concorso a premi su Facebook.

Le condizioni d'uso di Facebook e la disattivazione dei concorsi
La prima cosa da verificare, ogni volta, sono i T&C di Facebook. Ricorda che Facebook è una piattaforma privata ed il suo "proprietario" ha stabilito delle regole, che aggiorna periodicamente, per poterla utilizzare. Se non si rispettano queste regole Facebook potrebbe disabilitare la pagina.
Queste sono le "Normative relative a Pagine, gruppi ed eventi" di Facebook.

Comunicazione di una promozione
Se l'utente usa Facebook per inviare comunicazioni o offrire una promozione (ad esempio, gare o concorsi a premio), è responsabile di garantire il rispetto delle normative nel corso della promozione, tra cui:
- il regolamento ufficiale;
- le condizioni dell'offerta e i requisiti per la partecipazione (ad esempio, limitazioni relative a età e luogo di residenza dei partecipanti).

Contenuti obbligatori
Le promozioni su Facebook devono includere:
- una dichiarazione in cui tutti gli utenti che partecipano alla promozione affermano che Facebook non ha nessuna responsabilità;
- una dichiarazione del fatto che la promozione non è sponsorizzata, appoggiata o amministrata da Facebook.

Gestione di una promozione
Gli utenti possono offrire le promozioni sulle Pagine, sui gruppi, sugli eventi o all'interno di app su Facebook. Non possono usare i diari personali e le connessioni con gli amici per gestire le promozioni.

Assistenza nelle promozioni
Facebook non dà assistenza in relazione alla gestione della promozione e l'utente accetta di usare il nostro servizio per gestire la promozione a suo rischio esclusivo.

(adattato da https://www.maxmarketing.it/come-fare-concorsi-a-premi-su-facebook/ 16/05/2020)

percorso CILS (B1) cittadinanza

3b Leggi di nuovo il testo e indica se le informazioni sono vere o false.

		V	F
1.	In Italia c'è un regolamento specifico per le competizioni in rete.	○	○
2.	Facebook può penalizzare gli utenti che non rispettano le regole.	○	○
3.	Gli utenti che utilizzano Facebook per organizzare concorsi devono seguire le linee guida del social network.	○	○
4.	Facebook non ha la possibilità di disattivare una pagina che non rispetta le regole delle competizioni in rete.	○	○
5.	Le promozioni su Facebook non prevedono restrizioni geografiche.	○	○
6.	L'età dei destinatari di una promozione è uno dei parametri da considerare per il rispetto delle regole.	○	○
7.	Facebook è responsabile di promozioni e concorsi dei singoli utenti.	○	○
8.	Gli utenti devono affermare che Facebook non supporta la promozione.	○	○
9.	Gli utenti possono utilizzare i gruppi per le loro promozioni.	○	○
10.	Gli utenti possono controllare le promozioni attraverso il diario personale.	○	○
11.	Facebook offre aiuto agli utenti per il controllo delle promozioni.	○	○
12.	Gli utenti non possono creare una promozione valida in due nazioni diverse.	○	○

4 Produzione scritta

Facebook ha bloccato il tuo profilo per sbaglio. Scrivi una e-mail al servizio clienti, spiega cosa è successo e chiedi come puoi riattivare il tuo profilo.
(80-120 parole).

UNITÀ 9 - LA COMUNICAZIONE OGGI

5 **Ascolta e scegli l'opzione corretta.**

1 **Luigi non ha sentito la notizia perché**
   a) di solito non ascolta il telegiornale la mattina.
   b) è appena tornato da un viaggio di lavoro.
   c) si è appena svegliato.

2 **Sonia telefona alla Radio "Baci Baci" perché**
   a) vuole fare un regalo speciale al suo fidanzato.
   b) per ascoltare una canzone che le piace molto.
   c) per partecipare a un concorso radiofonico.

3 **L'utente chiama il Servizio Clienti di Instagram perché**
   a) non riesce a partecipare al concorso "Il tuo angolo preferito".
   b) non riesce a utilizzare il suo account Instagram.
   c) vorrebbe informazioni su un concorso a cui ha partecipato.

4 **Lucilla**
   a) fa una controproposta ad Alberto.
   b) accetta la proposta di Alberto.
   c) non accetta la proposta di Alberto.

5 **Per pubblicare una inserzione sul Giornale di Piacenza**
   a) bisogna chiamare la redazione.
   b) è necessario inviarla in versione digitale.
   c) bisogna andare negli uffici del giornale.

6 **Claudia**
   a) non ha informazioni sulla riunione perché non ha avuto accesso a Internet.
   b) chiede di spostare la riunione di stasera.
   c) sa che la riunione è domani alle quattro.

percorso CILS (B1) cittadinanza

6 Leggi il testo e completa con l'opzione corretta.

GIOVANI E SOCIAL MEDIA: ECCO COME I TEENAGER COMUNICANO ___IN___ $_0$ RETE

La vicinanza tra i giovani e i social media aumenta di anno in anno, la maggior parte ha più di due o tre profili social sulle varie piattaforme, utilizza le app di messaggistica _____$_1$ come Messenger e WhatsApp, e passa diverse ore tra i social network. I giovanissimi preferiscono Instagram, YouTube e Snapchat mentre _____$_2$ ha superato i 25 anni è più attratto dai contenuti di social come Facebook, LinkedIn e Twitter. I social network sono diventati parte integrante sia della vita dei millennials sia di quelli che hanno superato i 25 anni e si avvicinano ai 30, ma come utilizzano questi strumenti? E qual è il _____$_3$ tra i social e i giovani? Vediamolo insieme!

Social media e giovani: quali sono i _____$_4$ più utilizzati?

Secondo l'infografica sui social network di Unicusano, i giovani tra i 14 e i 19 anni utilizzano principalmente o solo lo smartphone, o una combinazione tra smartphone e computer.

Tra i 20 e i 24 sono molti più quelli che preferiscono la combinazione tra computer e smartphone, dopo di che c'è una percentuale che usa solo lo smartphone e, infine, tra i meno utilizzati ci sono l'utilizzo esclusivo del PC e il tablet.

Come comunicano i giovani sui social network e quali prediligono?

In generale i giovani tra i 17 e i 34 anni preferiscono _____$_5$ con i sistemi di messaggistica come Messenger, Messaggi in Direct e WhatsApp. Al secondo posto troviamo l'utilizzo vero e proprio dei social network quindi condivisioni, foto, commenti e like. Infine, lo strumento meno utilizzato da tutti i ragazzi tra i 17 e i 34 anni è quello che permette _____$_6$ telefonare online.

(adattato da https://www.firstonline.info/giovani-e-social-media-ecco-come-i-teenager-comunicano-in-rete/ 16/05/2020)

0.	A) su	B) per	C) in
1.	A) istantanea	B) immediata	C) contemporanea
2.	A) chi	B) che	C) quelli
3.	A) senso	B) rapporto	C) vincolo
4.	A) prodotti	B) meccanismi	C) dispositivi
5.	A) comunicare	B) comunica	C) comunicano
6.	A) a	B) di	C) da

UNITÀ 9 - LA COMUNICAZIONE OGGI

7 Produzione scritta

Tuo figlio ha molti problemi con la didattica a distanza. Scrivi una e-mail al dirigente scolastico della scuola di tuo figlio per descrivere le sue difficoltà e suggerisci alcune modifiche per migliorare la didattica a distanza.
(80-120 parole).

8 Ascolta i testi. Poi leggi le informazioni. Indica se le informazioni sono vere o false.

V   F

1. Gli utenti italiani possono imparare l'arabo.
2. Chi conosce l'inglese ha la possibilità di studiare più lingue straniere.
3. La registrazione all'app non prevede un pagamento iniziale.
4. La versione gratuita di Duolingo non ha inserimenti pubblicitari.
5. Gli utenti possono confrontare i loro risultati con altri utenti.
6. L'abbonamento annuale è più vantaggioso di quello mensile.

7. Il film "Loro" è composto da due capitoli.
8. Secondo il giornalista il film non è una biografia di Berlusconi.
9. Toni Servillo, con il film "Loro", ha recitato per la prima volta con il regista Sorrentino.
10. Il regista si è concentrato sugli aspetti meno conosciuti della vita di Berlusconi.
11. Nel film la politica italiana degli anni Novanta ha un ruolo centrale.
12. Il titolo del film si riferisce ai parenti di Berlusconi.

percorso CILS B1 cittadinanza

9 Produzione orale

- Conosci alcune serie tv italiane?
- Ci sono serie tv o film italiani famosi nel tuo Paese?
- Quali sono, secondo te, le maggiori differenze tra il cinema italiano e quello del tuo Paese? Quale preferisci? Perché?

Consiglio:
Parla di questo argomento per 2-3 minuti, registra la tua produzione orale e riascoltala. Rifletti su cosa puoi migliorare.

Appendice Unità 9

Soluzioni

Attività 3b

Risposte corrette:

| 1. V | 2. V | 3. V | 4. F | 5. F | 6. V | 7. F | 8. V | 9. V | 10. F | 11. F | 12. F |

Attività 5

Risposte corrette:

| 1. B | 2. A | 3. C | 4. A | 5. B | 6. A |

Attività 6

Risposte corrette:

| 1. A | 2. A | 3. B | 4. C | 5. A | 6. B |

Attività 8

Risposte corrette:

| 1. F | 2. V | 3. V | 4. F | 5. V | 6. F | 7. V | 8. V | 9. F | 10. V | 11. F | 12. F |

APPENDICE / TRASCRIZIONE DEL TESTO AUDIO
UNITÀ 9 - LA COMUNICAZIONE OGGI

Attività 5 - Trascrizione del testo audio

1
- Ciao Luigi, hai sentito la notizia al telegiornale?
- Ciao Elvira, no, di quale notizia parli?
- C'è stato un grande incendio in Piazza Grande!
- Ma davvero? Ero fuori città per lavoro e non ho sentito niente.

2
- Radio "Baci Baci", come ti chiami e da dove ci chiami?
- Ciao a tutti, sono Sonia da Velletri. Vorrei dedicare una canzone al mio ragazzo che oggi compie 22 anni.
- Che pensiero romantico, Sonia! Come si chiama il tuo ragazzo?
- Si chiama Alfredo e vorrei dedicargli questa canzone perché è la nostra canzone.

3
- Buongiorno, senta, ho partecipato al vostro concorso fotografico su Instagram e avrei bisogno di alcune informazioni.
- Certo, mi può dire a quale concorso ha partecipato?
- Sì, era il concorso "Il tuo angolo preferito". Ho postato la foto con gli hashtag richiesti, ma non ho saputo se ho vinto o no.
- Se non ha ricevuto nessuna comunicazione vuol dire che, purtroppo, non ha vinto.

4
- Ciao Lucilla, hai visto i manifesti in piazza?
- Sì Alberto, ho letto che aprono una nuova discoteca sul lungomare e la inaugurano questo sabato.
- Sì, che ne dici di andarci insieme?
- No, purtroppo questo sabato non posso, devo andare a trovare mia nonna. Che ne dici di sabato prossimo?

5
- Pronto, è il Giornale di Piacenza?
- Sì, buongiorno, Ufficio Marketing, mi dica.
- Vorrei alcune informazioni per pubblicare una promozione sul vostro giornale. Che cosa devo fare?
- Deve mandare una mail in redazione con testo e grafica. Se la redazione accetta la proposta, la pubblica entro due settimane.

6
- Ciao Dario, a che ora è l'incontro con i genitori di questa sera?
- Ciao Claudia, non hai visto il messaggio sul gruppo Whatsapp della classe?
- No, non l'ho visto, il mio cellulare non ha funzionato tutto il giorno. Cosa è successo?
- La riunione è stata spostata a domani pomeriggio alle 4:00.

Attività 8 - Trascrizione del testo audio

Testo 1

Benvenuti, oggi parliamo di una delle migliori app per imparare le lingue. Infatti, possiamo imparare tutte le lingue in maniera facile e veloce grazie alle app disponibili in rete. Una delle più diffuse è Duolingo, disponibile dal 2011, che consente all'utente italiano di imparare inglese, francese e tedesco, ma se conosciamo l'inglese (e lo usiamo come interfaccia) abbiamo a disposizione molte altre lingue tra le quali quelle orientali e l'arabo. Quando installiamo l'app dobbiamo registrarci gratuitamente e scegliere la lingua del menù e poi quella da imparare. Se abbiamo già una conoscenza base della lingua possiamo fare un test di ingresso per capire il nostro livello e partire dal punto giusto. A questo punto possiamo seguire un percorso che ci permette di arrivare a una buona padronanza della lingua. Ma quello che rende Duolingo veramente diverso dalle altre app è la possibilità di collaborare con altre persone, attraverso degli speciali club in cui possiamo confrontare le nostre esperienze e i nostri problemi. Per utilizzare Duolingo, in maniera gratuita, dobbiamo avere un'ottima connessione internet e accettare la pubblicità durante le nostre sessioni di studio. La pubblicità aumenta con l'avanzamento dei livelli. In alternativa, il costo dell'abbonamento è di 11€ mensili.

(adattato da https://www.youtube.com/watch?v=Aoj7vaNNHIo 16/05/2020)

Testo 2

È uscito nelle sale cinematografiche il 10 maggio il secondo capitolo di "Loro", il nuovo film, di Paolo Sorrentino interpretato da uno straordinario Toni Servillo. È molto difficile parlare di questo film perché ha tante cose importanti dentro e il rischio è di essere superficiali quando diciamo che è la storia di Silvio Berlusconi. In realtà il film è la storia di tutti noi, attraverso la storia di Silvio Berlusconi. Non è un film contro l'ex Presidente del Consiglio, ma neanche a favore. Nel film c'è molta malinconia, riflessione. Toni Servillo è al quinto film con Paolo Sorrentino e con il regista napoletano ha avuto il suo primo ruolo da protagonista nel film "Le conseguenze dell'amore". Il film parte da un ragionamento molto semplice: cosa non si sa o cosa i giornali e le televisioni non hanno raccontato di Berlusconi, quindi il film vuole parlare di questi aspetti più intimi e riservati. Non è un film sulla politica di quegli anni, di cui tutti hanno già parlato tanto, ma è un film sui sentimenti e sui personaggi che sono stati vicini a Berlusconi. Il titolo "Loro" si riferisce a queste persone: da una parte c'è lui, Silvio Berlusconi, dall'altra ci sono loro.

(adattato da https://www.youtube.com/watch?v=5u2AkTSze0M 16/05/2020)

UNITÀ 10
L'ITALIA NEL MONDO

- UNITÀ 10 - L'ITALIA NEL MONDO
- APPENDICE E TRASCRIZIONE DEL TESTO AUDIO

percorso CILS B1 cittadinanza

1 Per cosa è famosa l'Italia nel tuo Paese?

- opera
- made in Italy
- moda
- cucina
- arte
- cinema

L'Italia nel mondo

2 Produzione orale

- Quali città italiane hai visitato?
- Quale ti è piaciuta di più? Perché?
- Quale ti piacerebbe visitare? Perché?
- Preferisci scegliere destinazioni turistiche o scoprire posti meno conosciuti?

Consiglio:
Parla di questo argomento per 2-3 minuti, registra la tua produzione orale e riascoltala. Rifletti su cosa puoi migliorare.

UNITÀ 10 - L'ITALIA NEL MONDO

 3a Leggi il testo. Chi sono i destinatari di questo regolamento?

COME PRESENTARE LA DOMANDA PER LA CITTADINANZA ITALIANA

Ammissione

La cittadinanza si può richiedere:
- per matrimonio
- per residenza

Per matrimonio: l'art 5 della legge n.91/92 prevede che il cittadino straniero coniugato con cittadino/a italiano/a può acquistare la cittadinanza italiana quando, dopo il matrimonio, risiede legalmente da almeno due anni nel territorio della Repubblica Italiana, oppure dopo tre anni dalla data del matrimonio se residente all'estero.

Per residenza: può richiedere la cittadinanza italiana per residenza il cittadino straniero, nato in Italia e residente in Italia da almeno 3 anni, il cittadino di un paese UE residente in Italia da almeno 4 anni o extra UE residente in Italia da almeno 10 anni.

Lo straniero può presentare la domanda di concessione della cittadinanza italiana esclusivamente online sul portale del Ministero dell'Interno.

Dal 18 giugno 2015 questa è la sola modalità di presentazione ammessa.

Dopo la registrazione, lo straniero deve compilare telematicamente il modulo di domanda, indicare nell'apposito spazio i dati della marca da bollo e allegare in formato elettronico, nelle apposite sezioni del modulo, tutta la documentazione richiesta.

La prefettura può convocare lo straniero presso i propri sportelli per la verifica dell'autenticità dei documenti scansionati.

Alla fine della procedura, la prefettura rilascia al cittadino straniero richiedente il numero della pratica necessario per rintracciare lo stato di avanzamento della richiesta sul portale dedicato e inizia la procedura.

Dopo la presentazione della domanda, lo straniero può visualizzare sul portale online le comunicazioni che la prefettura gli invia riguardo a:
- l'accettazione della sua domanda e l'avvio del procedimento;
- l'eventuale irregolarità della documentazione allegata;
- la data di convocazione presso gli sportelli della prefettura per il controllo degli originali dei documenti allegati in formato elettronico.

Prima di queste comunicazioni lo straniero riceve all'indirizzo e-mail fornito un messaggio che lo invita a consultare il portale online.

Consultazione online domanda di cittadinanza: per poter procedere con la consultazione online dello stato della domanda di cittadinanza è necessario effettuare, nell'ordine, le seguenti attività:
- registrarsi sul sito attraverso il modulo disponibile nell'area "Effettua Registrazione";
- accedere all'area privata con le credenziali di accesso fornite al momento della registrazione;
- effettuare il primo accesso alla pratica;
- consultare lo stato della domanda nella sezione "Visualizza stato pratica".

(adattato da https://www.cittadinanzattiva.it/approfondimenti/giustizia/
11085-cittadinanza-italiana-come-si-ottiene.html 27/06/2020)

percorso CILS B1 cittadinanza

3b Leggi di nuovo il testo e indica se le informazioni sono vere o false.

	V	F
1. Un cittadino straniero sposato con un cittadino italiano può presentare la domanda per richiedere la cittadinanza italiana.	○	○
2. Un cittadino di un Paese non europeo non può fare domanda per la cittadinanza italiana.	○	○
3. Lo straniero che richiede la cittadinanza italiana deve andare al Ministero dell'Interno.	○	○
4. Le modalità per presentare la domanda di cittadinanza italiana sono cambiate nel 2015.	○	○
5. Lo straniero deve includere nella domanda di cittadinanza una marca da bollo.	○	○
6. Inizialmente lo straniero deve allegare i documenti in formato elettronico.	○	○
7. Lo straniero può controllare lo stato della sua pratica sul sito internet della prefettura.	○	○
8. Lo straniero non può visualizzare lo stato della pratica in caso di irregolarità della domanda.	○	○
9. Non è mai necessario presentare i documenti originali in prefettura.	○	○
10. Lo straniero deve allegare il contratto di lavoro.	○	○
11. Per accedere al portale online della prefettura lo straniero deve creare un profilo personale sul sito Internet.	○	○
12. Lo straniero può scaricare dal sito della prefettura il documento che attesta la cittadinanza italiana.	○	○

4 Produzione scritta

Vivi all'estero e hai presentato la domanda per la cittadinanza italiana in un comune italiano. Scrivi una e-mail alla prefettura, spiega che ancora non hai uno dei documenti richiesti, indica quale e chiedi come fare per risolvere il problema.
(80-120 parole).

UNITÀ 10 - L'ITALIA NEL MONDO

5 Ascolta e scegli l'opzione corretta.

1 Il nonno di Antonio
   a) era peruviano.
   b) si è trasferito in Perù da giovane.
   c) amava l'Italia.

2 Antonietta
   a) è già stata alla Settimana della moda a Milano.
   b) non conosce la Settimana della moda di Milano.
   c) vorrebbe andare a Milano per la Settimana della moda.

3 Calogero chiama Julienne
   a) per avere alcune informazioni stradali.
   b) per invitarla a uscire con lui.
   c) per chiedere la ricetta della pizza napoletana.

4 Pablo dice che
   a) la Pietà è di Michelangelo.
   b) la Pietà è di Bernini.
   c) non sa se la Pietà è di Michelangelo o di Bernini.

5 La signora chiama il Consolato di Montreal
   a) per conoscere l'avanzamento della sua pratica.
   b) perché vuole iniziare la pratica per richiedere la cittadinanza italiana.
   c) per rinunciare alla cittadinanza italiana.

6 Melania
   a) non ama l'opera.
   b) preferisce un'altra versione dell'Aida.
   c) non ama l'Aida.

 6 Leggi il testo e completa con l'opzione corretta.

SETTIMANA DELLA LINGUA ITALIANA ___NEL___ ₀ MONDO

La prima _____ ₁ della *Settimana della lingua italiana nel mondo* è stata nell'ottobre 2001 - anno europeo delle lingue - su iniziativa di Francesco Sabatini, allora presidente dell'Accademia della Crusca.

In Italia il Ministero degli Affari Esteri e l'Accademia della Crusca _____ ₂ l'organizzazione dell'evento, mentre all'estero gli Istituti Italiani di Cultura, i Consolati Italiani, le Università e i Comitati della Società Dante Alighieri si occupano degli aspetti organizzativi sotto l'alto Patronato del Presidente della Repubblica.

Di anno in anno, l'iniziativa ha avuto un successo crescente ed è arrivata a coinvolgere un numero sempre maggiore di partecipanti attraverso numerosi eventi per _____ ₃ tipo di pubblico; ha dimostrato, nello stesso tempo, la vitalità dell'interesse per la lingua e la cultura italiana in tutto il mondo.

_____ ₄ dei momenti più importanti della manifestazione è una grande videoconferenza, un momento di _____ ₅ culturale che coinvolge enti e istituti da ogni angolo del globo. Inoltre ogni anno, nell'ambito della Settimana, c'è il concorso "Scrivi con me", riservato _____ ₆ studenti delle scuole medie superiori italiane e bilingui all'estero. Il supervisore dell'iniziativa è sempre una diversa personalità di spicco del mondo della cultura italiana.

(adattato da https://accademiadellacrusca.it/it/contenuti/settimana-della-lingua-italiana-nel-mondo-/117 27/06/2020)

0.	A) nel	B) al	C) sul
1.	A) uscita	B) edizione	C) stampa
2.	A) curavano	B) curano	C) hanno curato
3.	A) qualche	B) tutto	C) ogni
4.	A) uno	B) qualcuno	C) ciascuno
5.	A) baratto	B) scambio	C) sbaglio
6.	A) dagli	B) degli	C) agli

UNITÀ 10 - L'ITALIA NEL MONDO

7 Produzione scritta

Sei un cittadino australiano di origine italiana e vuoi iscriverti all'Associazione Italiani in Australia. Il sito internet dell'associazione non funziona. Scrivi una e-mail al responsabile per segnalare il problema e chiedere come fare per completare l'iscrizione. (80-120 parole).

_____

_____

_____

_____

_____

_____

_____

_____

8 Ascolta i testi. Poi leggi le informazioni. Indica se le informazioni sono vere o false.

	V	F
1. Nella città di Londra è possibile guardare numerosi film italiani in lingua italiana.	○	○
2. L'Istituto di Cultura Italiana offre prezzi speciali per gli studenti di italiano che desiderano guardare film italiani.	○	○
3. Di solito il CinemaItaliaUK propone due film italiani al mese.	○	○
4. Il CinemaItaliaUK propone film italiani usciti in Italia almeno tre anni prima.	○	○
5. Il Festival Cinema Made In Italy di Londra si ripete ogni anno.	○	○
6. Al British Film Institute si possono acquistare esclusivamente i DVD dei film di Vittorio De Sica.	○	○
7. Laura Pausini ha pensato a un'iniziativa speciale per i suoi 25 anni dal primo disco in lingua spagnola.	○	○
8. Fuori dalla Spagna questo nuovo lavoro di Laura Pausini è disponibile solo online.	○	○
9. Il primo album in spagnolo di Laura Pausini si chiamava "La solitudine".	○	○
10. Nel cofanetto sono presenti tre vinili e un CD.	○	○
11. Laura Pausini ha dedicato del tempo ai suoi fan sui social network.	○	○
12. Laura Pausini ha annunciato l'uscita di un nuovo album.	○	○

percorso CILS B1 cittadinanza

9 Produzione orale

- Quali sono gli aspetti della cultura italiana che ti piacciono di più? Perché?
- Quali ti piacciono di meno? Perché?
- Quali aspetti culturali italiani senti più vicini a quelli del tuo Paese?
- Quali sono, invece, quelli che senti più distanti dalla tua cultura?

Consiglio:
Parla di questo argomento per 2-3 minuti, registra la tua produzione orale e riascoltala. Rifletti su cosa puoi migliorare.

Appendice Unità 10

Soluzioni

Attività 3b

Risposte corrette:

| 1. V | 2. F | 3. F | 4. V | 5. V | 6. V | 7. V | 8. F | 9. F | 10. F | 11. V | 12. F |

Attività 5

Risposte corrette:

| 1. B | 2. C | 3. B | 4. A | 5. B | 6. B |

Attività 6

Risposte corrette:

| 1. B | 2. B | 3. C | 4. A | 5. B | 6. C |

Attività 8

Risposte corrette:

| 1. V | 2. F | 3. V | 4. F | 5. V | 6. F | 7. V | 8. V | 9. F | 10. F | 11. V | 12. F |

APPENDICE / TRASCRIZIONE DEL TESTO AUDIO

UNITÀ 10 - L'ITALIA NEL MONDO

Attività 5 - Trascrizione del testo audio

1
- **Come mai ti chiami Antonio? Non è un nome peruviano.**
- Come, non lo sai? Mio nonno era italiano.
- **Italiano? E di dove?**
- Era abruzzese ed è emigrato in Perù negli anni Quaranta.

2
- **Lucio, sei stato alla Settimana della moda a Milano?**
- No Antonietta, quest'anno non ci sono andato perché avevo un impegno di lavoro.
- **Se l'anno prossimo ci vai, mi piacerebbe venire con te. Non ci sono mai stata!**
- Certo, appena mi organizzo ti faccio sapere.

3
- **Ciao Julienne, conosci una buona pizzeria italiana a Bruxelles?**
- Certo Calogero, ne conosco una in Rue de Champs, si chiama "Chez Mario". Fanno una pizza napoletana eccezionale.
- **Perfetto, grazie dell'informazione. Ti va di venire con me questa sera?**
- Ma sì, una bella pizza non si rifiuta mai!

4
- **Ciao Pablo, sai che la settimana scorsa sono andata a Roma e ho visto la Pietà di Bernini?**
- Ciao Consuelo, ma la Pietà non è di Michelangelo?
- **Ma che dici Pablo, è di Bernini! Anche la guida turistica ha detto così!**
- Non è possibile, l'ho studiata all'università e sono sicuro, la Pietà è di Michelangelo.

5
- **Buongiorno, Consolato di Montreal? Avrei bisogno di alcune informazioni per ottenere la cittadinanza italiana.**
- Sì, buongiorno. Ha già iniziato la pratica?
- **Non ancora, volevo sapere quali documenti devo presentare.**
- Dunque... abbiamo bisogno della certificazione di matrimonio, un documento valido, la certificazione di lingua italiana...

6
- **Questo spettacolo è stato fantastico! È la quinta volta che vedo l'Aida, ma questa è stata la migliore.**
- Mah... a me questa versione non è piaciuta per niente, è stata davvero noiosa.
- **Si vede che di opera non capisci molto Melania, è stata una rappresentazione fantastica!**
- Secondo me, quella che abbiamo visto l'anno scorso a Verona è stata molto più bella.

percorso CILS B1 cittadinanza

Attività 8 - Trascrizione del testo audio

Testo 1

Gli appassionati di cinema Italiano non devono preoccuparsi a Londra. La capitale inglese offre infatti molte possibilità di vedere film italiani, in lingua originale, sugli schermi dei cinema e degli istituti culturali.

Uno dei luoghi per eccellenza in cui si proiettano film italiani è l'Istituto di Cultura Italiana, che organizza numerose proiezioni (gratuite) nella sua sede di Belgrave Square.

Un'altra risorsa importantissima per gli appassionati di cinema italiano è CinemaItaliaUK, che con frequenza regolare (in genere ogni due settimane) porta a Londra film italiani appena usciti nel nostro Paese. Ogni proiezione è un evento, spesso con la presenza in sala del regista o dell'attore principale. Le proiezioni di CinemaItaliaUK si tengono sugli schermi del Genesis Cinema, a Whitechapel, o al Regent Street Cinema vicino a Oxford Circus.

Un evento da non perdere nel mese di marzo è il Festival Cinema Made In Italy, la rassegna annuale organizzata a Londra dall' Istituto Luce Cinecittà, insieme all'Istituto di Cultura. Per cinque giorni, con due proiezioni al giorno, la rassegna presenta i migliori film italiani della stagione, nelle sale dell'Istituto di Cultura francese a South Kensington.

Anche il British Film Institute di solito dedica spazio al cinema italiano. Nella scorsa stagione, ad esempio, la programmazione del BFI ha compreso una interessante analisi dei film di Vittorio De Sica. Il BFI ha inoltre uno shop in cui sono in vendita DVD provenienti da tutto il mondo, con una vasta sezione dedicata all'Italia.

(adattato da http://www.londraitalia.com/cultura/film-italiano-londra-22072016/ 17/06/2020)

Testo 2

Laura Pausini ha fatto un grandissimo regalo a tutti i suoi fan spagnoli e in generale di lingua spagnola. L'artista italiana più amata al mondo ha creato un cofanetto speciale per festeggiare i suoi 25 anni di carriera in spagnolo e il suo primo disco omonimo.

Andiamo a scoprire tutti i dettagli su questa nuova pubblicazione che al di fuori della Spagna è disponibile solo in streaming, mentre nel paese iberico è uscita nei negozi l'8 novembre. "Laura Pausini: un cofanetto in spagnolo per festeggiare i 25 anni di carriera". Venticinque anni fa, nel 1994, Laura ha pubblicato in Spagna l'album "Laura Pausini", in cui erano presenti brani come "La solitudine" e "Non c'è". Il successo è stato straordinario: ancora oggi rimane il disco internazionale più venduto nella storia della Spagna. Un traguardo che deve essere festeggiato. Così si spiega l'arrivo di un cofanetto con un vinile, tre CD e uno splendido booklet. Il regalo migliore per celebrare un risultato che conferma la grandezza di Laura, un'artista riconosciuta in tutto il mondo.

Laura ha deciso di interagire con i follower su Instagram per rispondere ad alcune domande. Ovviamente alcuni hanno chiesto informazioni su un nuovo album. Purtroppo però la risposta della cantante di Solarolo non è stata quella sperata. Infatti, ha detto che manca ancora tanto per un nuovo disco. In questo momento sta leggendo tanto, studiando musica e cercando l'ispirazione nella vita di tutti i giorni.

(adattato da https://notiziemusica.it/laura-pausini-una-raccolta-per-i-25-anni-di-carriera-in-spagnolo/ news/?refresh_ce 17/06/2020)

ESAME 1

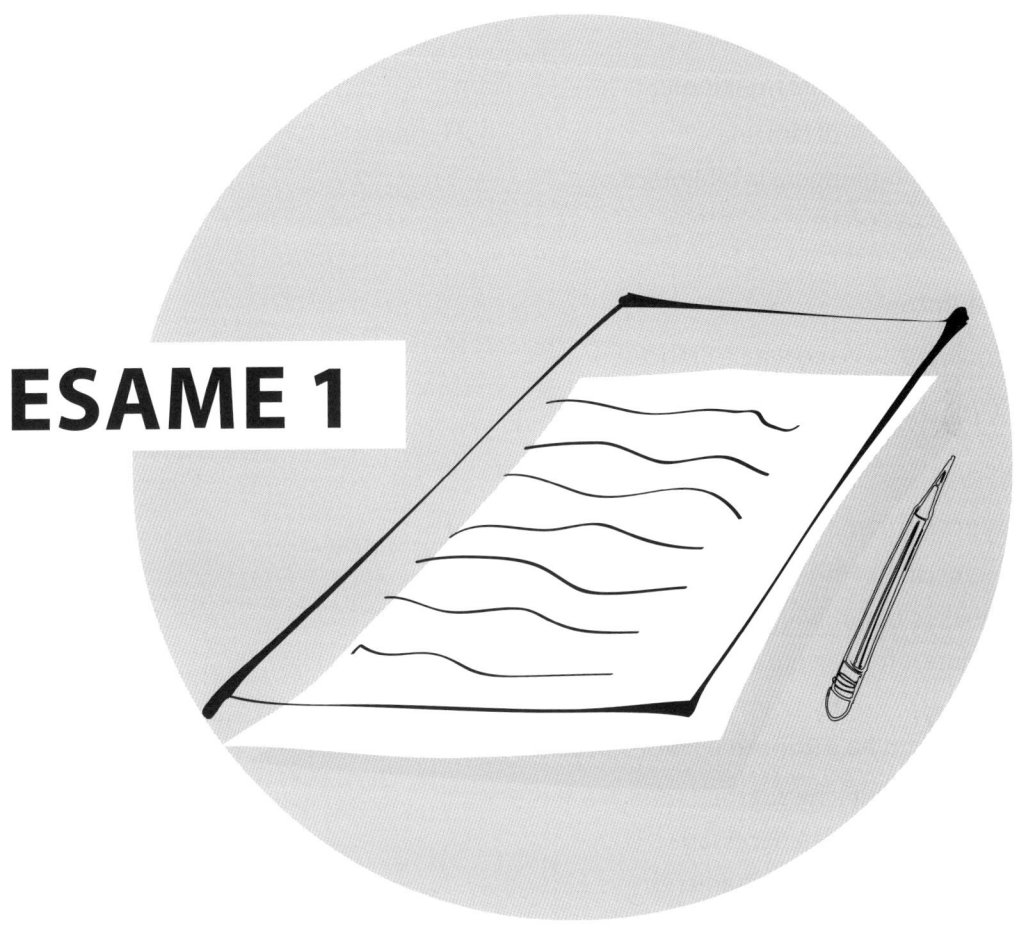

- ASCOLTO
- COMPRENSIONE DELLA LETTURA E RIFLESSIONE GRAMMATICALE
- PRODUZIONE SCRITTA
- PRODUZIONE ORALE
- ESAME N.1 - CHIAVI
- TRASCRIZIONE ASCOLTI

ASCOLTO - PROVA N.1

Ascolta i testi. Poi completa le frasi. Scegli una delle tre proposte di completamento.

1 La signora dice che
   a) non ama gli spaghetti alla carbonara.
   b) preferisce gli spaghetti al pomodoro.
   c) non può mangiare la carbonara.

2 Il ragazzo chiede informazioni
   a) sul distributore di benzina.
   b) su come raggiungere la biblioteca.
   c) sull'area pedonale.

3 Ilaria e Antonio
   a) non sanno cosa regalare a Francesco.
   b) decidono di fare il regalo insieme.
   c) non conoscono i gusti di Francesco.

4 La signora chiama il commissariato di polizia per
   a) denunciare un furto.
   b) segnalare un problema nella strada di casa sua.
   c) chiedere informazioni sul parcheggio.

5 Vincenzo non ha ottenuto il lavoro perché
   a) non ha le qualifiche adatte.
   b) non ha l'esperienza necessaria.
   c) non conosce le lingue straniere.

6 Il signore chiama l'ospedale per
   a) prenotare una visita cardiologica.
   b) prenotare una visita ortopedica.
   c) chiedere informazioni sull'orario delle visite.

ASCOLTO - PROVA N. 2

Ascolta i testi. Poi leggi le informazioni. Indica se le informazioni sono vere o false.

	V	F
1. Il centro "Gli Oleandri" si trova sulla costa adriatica.	○	○
2. Al centro è possibile prenotare esclusivamente camere in albergo.	○	○
3. Al centro c'è più di una piscina.	○	○
4. Gli appassionati di centri benessere possono trovare servizi vicini ai loro interessi.	○	○
5. Le piscine non hanno attrezzature per bambini.	○	○
6. Il ristorante del centro non prevede menù speciali per intolleranti al glutine.	○	○

7. La Biennale di Venezia è arrivata alla 48^ edizione.
8. Gli interessati hanno potuto seguire l'evento solo in teatro.
9. Le categorie in concorso erano dieci.
10. Tra i giovani artisti si è distino un italiano.
11. Il Ministro dei Beni Culturali era presente a Venezia.
12. Il ministro non ha voluto rispondere alle domande sui tagli alla cultura.

CILS B1 cittadinanza

 Leggi il testo.

Come si apre un conto corrente
Come funziona l'apertura di un conto corrente? L'operazione è piuttosto semplice e leggermente differente a seconda del tipo di banca, se tradizionale o online, ma comunque i passi da seguire sono tre:
- leggere attentamente le condizioni del conto;
- firmare e consegnare il contratto con il consenso al trattamento dei dati personali;
- fornire alla banca una copia del documento di identità e del codice fiscale. Per alcune banche è necessario anche un certificato di residenza.

A questo punto la banca procede a raccogliere tutta la documentazione e attiva un nuovo conto, con un codice cliente e un IBAN personale. Ovviamente la tempistica potrebbe variare se vogliamo aprire un conto corrente online.

Che documenti occorre presentare all'apertura di un conto corrente
Dobbiamo consegnare i seguenti documenti:
- una copia della carta di identità in corso di validità;
- una copia del codice fiscale in corso di validità;
- un certificato di residenza, se richiesto dalla banca.

Chi può aprire un conto corrente
Non c'è nessuna limitazione legata all'apertura di un conto corrente, l'unica regola è che l'intestatario del nuovo conto deve avere minimo 18 anni.

Qual è la banca migliore per aprire un conto corrente?
Non è semplice scegliere la migliore banca per aprire un conto corrente. Le condizioni e le spese del conto variano a seconda dell'età dell'intestatario, delle condizioni, dei servizi che intende attivare e a seconda del momento e delle offerte della banca.
Le banche possono offrire prezzi speciali ai clienti che decidono di versare lo stipendio o la pensione sul conto corrente. Alcune banche offrono prezzi speciali anche a clienti di età inferiore ai 25 anni e superiore ai 65.

(adattato da https://quifinanza.it/soldi/come-aprire-conto-corrente-procedura-consigli/342789/ 24/06/2020)

COMPRENSIONE DELLA LETTURA E RIFLESSIONE GRAMMATICALE - PROVA N.1

Leggi il testo e indica se le informazioni sono vere o false.

	V	F
1. Prima di aprire un conto corrente è importante capire bene le condizioni del contratto.	○	○
2. Prima di aprire un conto corrente è indispensabile presentare il certificato di residenza.	○	○
3. I cittadini non italiani non possono aprire un conto corrente.	○	○
4. Le persone che non hanno un contratto di lavoro non possono aprire un conto corrente.	○	○
5. I tempi per l'apertura di un conto online possono essere diversi rispetto a un conto tradizionale.	○	○
6. Per aprire un conto è necessario presentare in banca un documento di identità.	○	○
7. Uno dei documenti indispensabili per attivare un conto corrente è la dichiarazione dei redditi dell'ultimo anno.	○	○
8. I minorenni possono aprire un conto corrente.	○	○
9. Le spese per il conto corrente possono variare in base all'età della persona che lo apre.	○	○
10. I diversi servizi offerti dalla banca possono influenzare il prezzo del conto corrente.	○	○
11. I clienti con meno di 25 anni possono avere prezzi speciali per attivare un conto corrente.	○	○
12. Le banche non offrono prezzi diversi agli over 65 che non versano la pensione sul conto corrente.	○	○

CILS B1 cittadinanza — COMPRENSIONE DELLA LETTURA E RIFLESSIONE GRAMMATICALE - PROVA N.2

 Completa il testo. Scegli una delle proposte di completamento.

CHE SIGNIFICA BIOLOGICO?

Spesso _____ ognuno _____ 0 di noi legge questa parola così comune. Ma che significa biologico? E che vuol dire produrre alimenti biologici?

Per biologico si intende qualsiasi prodotto, di origine vegetale o animale, ottenuto attraverso un processo totalmente _____ 1. In particolare, nella produzione di cibo biologico, i produttori non utilizzano prodotti chimici e organismi modificati come pesticidi e OGM. Utilizzano solo _____ 2 produttive che prevedono il pieno rispetto delle risorse naturali e della vita degli organismi viventi.

I prodotti bio sono ormai su _____ 3 le tavole degli italiani, anche se ancora considerati prodotti per _____ 4 e l'informazione non è ancora sufficiente. Mangiare cibi biologici significa avere rispetto della natura e del nostro corpo in quanto aiutano a condurre un'alimentazione sana, e a salvaguardare il pianeta che ci _____ 5.

Molti considerano il cibo biologico come una moda, un *lifestyle* passeggero, ma non è così. Un'alimentazione bio comporta infatti numerosi benefici per il nostro organismo, rafforza le difese immunitarie, riduce il rischio di patologie cardiache, favorisce la perdita di peso e migliora le _____ 6 del sonno.

(adattato da https://www.fruttaweb.com/consigli/biologico-che-significa-e-quali-sono-i-prodotti-biologici/ 24/06/2020)

0.	A) tutti	B) ogni	C) ognuno
1.	A) naturale	B) regolare	C) artificiale
2.	A) tecniche	B) abilità	C) competenze
3.	A) molte	B) tutte	C) certe
4.	A) tutti	B) pochi	C) molti
5.	A) circondiamo	B) circondano	C) circonda
6.	A) abitudini	B) circostanze	C) abilità

PRODUZIONE SCRITTA - PROVA N.1

Scegli uno dei seguenti argomenti. Devi scrivere da 80 a 120 parole.

1. Nel quartiere dove abiti il servizio della raccolta differenziata non funziona più come prima. Scrivi una e-mail al comune della tua città, segnala il problema e chiedi una soluzione immediata.
2. Ti sei trasferito recentemente in Italia e hai bisogno di aprire un conto corrente bancario. Scrivi una e-mail alla banca, spiega di cosa hai bisogno e chiedi informazioni.

percorso CILS [B1] cittadinanza

PRODUZIONE ORALE

Produzione orale. Breve presentazione personale.

L'esaminatore rivolge alcune domande al candidato per guidarlo a una breve presentazione personale della durata di circa 1 minuto.

Ecco alcuni esempi:

- Come ti chiami?
- Quanti anni hai?
- Di dove sei?
- Dove abiti? Ti piace la città in cui vivi?
- Cosa fai nella vita? Studi o lavori? Ti piace quello che fai?

Prova n.1

La prova è una conversazione faccia a faccia con l'esaminatore. Il candidato deve scegliere uno dei seguenti argomenti e discutere con l'esaminatore per 2-3 minuti.

1 Quali sono, secondo te, gli aspetti positivi e gli aspetti negativi della vita in città?

2 Quali delle città italiane che non hai ancora visitato ti piacerebbe visitare? Perché?

3 Conosci il sistema scolastico italiano? Quali sono le principali differenze con il sistema scolastico del tuo Paese?

4 Hai la tessera sanitaria in Italia? Sai che cos'è? Esiste un documento simile nel tuo Paese?

Appendice Esame 1

Soluzioni

Ascolto - Prova n.1

| 1. C | 2. B | 3. B | 4. A | 5. B | 6. B |

Ascolto - Prova n.2

| 1. V | 2. F | 3. V | 4. V | 5. F | 6. F | 7. V | 8. F | 9. V | 10. V | 11. F | 12. F |

Comprensione della lettura e riflessione grammaticale - Prova n.1

| 1. V | 2. F | 3. F | 4. F | 5. V | 6. V | 7. F | 8. F | 9. V | 10. V | 11. V | 12. F |

Comprensione della lettura e riflessione grammaticale - Prova n.2

| 1. A | 2. A | 3. B | 4. B | 5. C | 6. A |

percorso CILS B1 cittadinanza

Ascolto - Prova n.1

1

- Senta scusi, c'è stato un errore con la mia ordinazione.
- Mi dica, cosa è successo?
- Io avevo ordinato uno spaghetto al pomodoro, non alla carbonara. Sono allergica all'uovo, non posso proprio mangiarlo.
- Non si preoccupi, glielo faccio rifare subito.

2

- Buongiorno, scusi, mi sa dire dov'è la biblioteca comunale?
- Certo, vede quel distributore di benzina lì in fondo? Arrivi al distributore, giri a destra e poi sempre dritto.
- È lontano a piedi?
- No, ci vogliono dieci minuti al massimo.

3

- Ciao Antonio, hai già pensato al regalo per il compleanno di Francesco?
- Ciao Ilaria, non ancora, tu hai qualche idea?
- Ho pensato di comprargli un orologio, lui è un collezionista!
- Ottima idea, che ne dici di comprarlo insieme?

4

- Buonasera, commissariato di polizia? Parlo con il reparto denunce?
- Sì, reparto denunce, mi dica.
- Senta, non trovo più la mia macchina, l'ho parcheggiata sotto casa ma ora non c'è più, evidentemente qualcuno l'ha rubata.
- Signora, deve venire in commissariato e compilare il modulo per la denuncia di furto.

5

- Ciao Vincenzo, hai fatto il colloquio per quel nuovo lavoro?
- Ciao Antonella, sì, purtroppo non è andato bene.
- Come mai? Cosa è successo?
- Cercavano qualcuno con più esperienza di me, lo sapevo ma ho voluto provare lo stesso.

6

- Buongiorno, Ospedale "Le Scotte"? Vorrei prenotare una visita ortopedica.
- Buongiorno, questo è il reparto di cardiologia, per le visite ortopediche deve chiamare un altro reparto.
- Ah, mi sa dare il numero?
- Non si preoccupi, passo la chiamata attraverso il centralino.

TRASCRIZIONE ASCOLTI

Ascolto - Prova n. 2

Testo 1

Buongiorno a tutti, oggi ci troviamo al centro vacanza "Gli Oleandri" nella Riviera del Conero, davvero un paradiso dell'Adriatico. Il centro ha un enorme giardino pieno di alberi e fiori per i vostri momenti di riposo a contatto con la natura. In questo centro vacanze ci sono varie possibilità di alloggio; potete scegliere di pernottare nell'albergo oppure nelle villette *deluxe*, negli appartamenti o nei bungalow di legno, quindi potete scegliere la soluzione più vicina alle vostre esigenze.

Ci sono due piscine, una con vista mare, l'altra al centro del giardino, c'è l'animazione, c'è l'Oasi degli Ulivi dove potete fare attività di benessere, come yoga, risveglio muscolare... C'è anche una palestra attrezzata. C'è la possibilità di scegliere il pacchetto *all inclusive* e quindi potete veramente passare una vacanza rilassante senza dover pensare a niente.

Nella piscina principale del centro c'è l'idromassaggio e un bellissimo panorama. La piscina con vista mare dispone degli scivoli per bambini e da qui potete apprezzare la vista sul monte Conero.

Il ristorante del centro, con vista mare, offre piatti della tradizione locale rivisitati in chiave moderna. Sono disponibili menù per bambini, vegetariani, vegani e anche per celiaci.

Per passare un pomeriggio in attività ci sono sei campi da tennis moderni e attrezzati, due campi da calcetto e un campo da pallavolo.

Prenota subito la tua vacanza al centro "Gli Oleandri"!

(adattato da https://www.youtube.com/watch?v=hft4-KmaW1k 24/06/2020)

Testo 2

Ieri a Venezia c'è stata la cerimonia di premiazione della 48^ edizione della Biennale. Erano presenti il Presidente della Biennale, il Sindaco di Venezia e il Presidente della Regione Veneto. Gli appassionati d'arte hanno potuto seguire la diretta dell'evento su "Radio Veneto".

Il Presidente della Biennale ha premiato i vincitori delle dieci categorie in concorso ed erano presenti artisti da ogni parte del mondo.

Per la categoria "Giovani Artisti", ha vinto l'italiano Giacomo Sampotito con la sua opera dedicata alle periferie del mondo dal titolo "Periferie". Il Premio della Critica è andato al giapponese Takeshita, che ha esposto una scultura realizzata con materiali 100% biodegradabili. Molto interessante il discorso del Ministro dei Beni Culturali che è intervenuto in videoconferenza e ha dichiarato quanto è importante la Biennale di Venezia nel panorama artistico mondiale, soprattutto per la promozione del patrimonio artistico italiano.

Molti giornalisti hanno chiesto informazioni al ministro sui tagli alla cultura e all'arte: il ministro ha rassicurato i presenti che il governo sta lavorando per trovare nuovi fondi da destinare al settore culturale e artistico italiano.

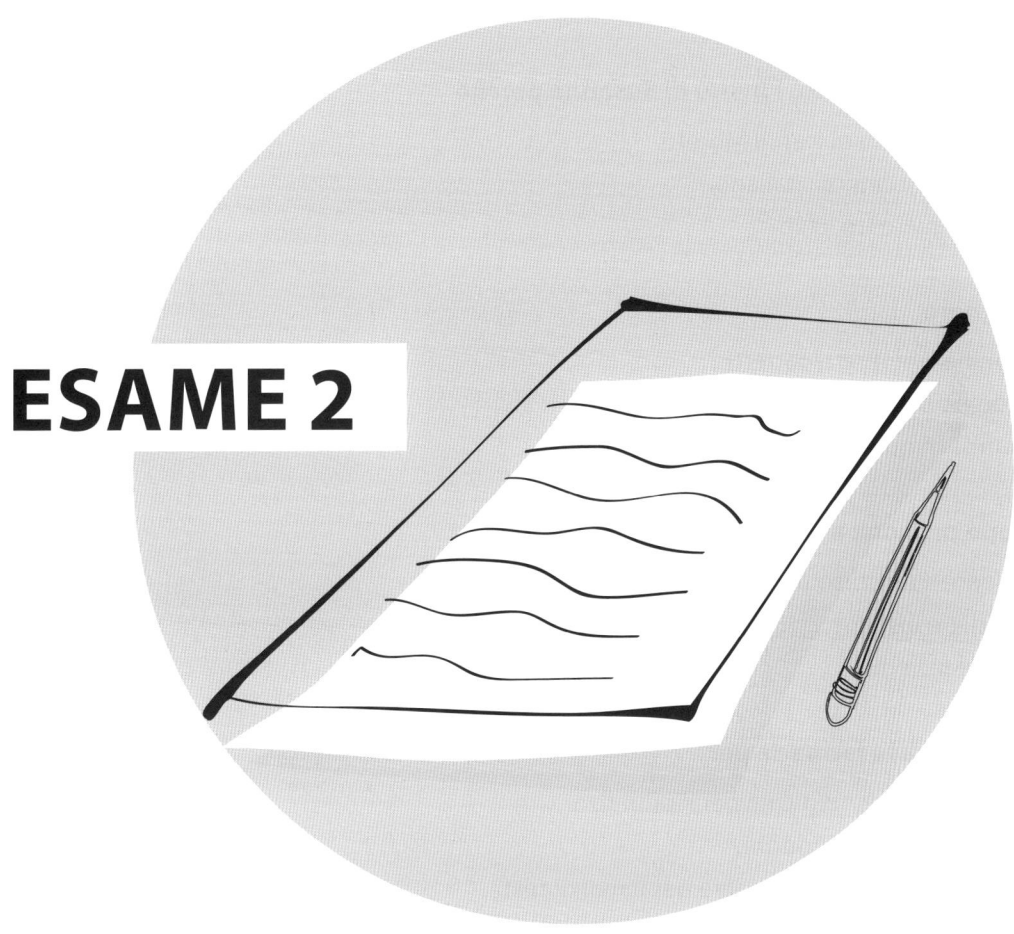

ESAME 2

- ASCOLTO
- COMPRENSIONE DELLA LETTURA E RIFLESSIONE GRAMMATICALE
- PRODUZIONE SCRITTA
- PRODUZIONE ORALE
- ESAME N.2 - CHIAVI
- TRASCRIZIONE ASCOLTI

ASCOLTO - PROVA N.1

Ascolta i testi. Poi completa le frasi. Scegli una delle tre proposte di completamento.

1 Il signore chiede informazioni
   a) per raggiungere la chiesa di Santa Maria.
   b) per riciclare un dispositivo elettronico.
   c) per raggiungere la stazione dei treni.

2 Umberto non accetta l'invito di Susanna perché
   a) non ama i film di Nanni Moretti.
   b) non ama il cinema italiano.
   c) ha già guardato il film.

3 La signora
   a) non ha il biglietto corretto.
   b) non ha pagato il biglietto.
   c) non sa in quale stazione deve scendere.

4 Filippo propone a Giorgia di
   a) andare a un corso di pilates.
   b) studiare insieme.
   c) uscire insieme.

5 Il signore va in farmacia per
   a) comprare una medicina per l'influenza.
   b) curare il suo raffreddore.
   c) chiedere cosa può prendere per il mal di testa.

6 Il dottor Rossi deve portare
   a) due foto e un cv stampato.
   b) due foto.
   c) due foto, un cv stampato e un documento d'identità.

ASCOLTO - PROVA N.2

Ascolta i testi. Poi leggi le informazioni. Indica se le informazioni sono vere o false.

	V	F
1. In città sono presenti dieci stazioni per ritirare e consegnare i monopattini.	○	○
2. Per usufruire del servizio di *scooter sharing*, i clienti devono registrarsi sul sito dell'azienda.	○	○
3. Al momento del ritiro del monopattino, il cliente utilizza un numero segreto.	○	○
4. I clienti possono versare un massimo di 100€ sul loro conto personale.	○	○
5. Il noleggio dei monopattini di 30 minuti costa 5€.	○	○
6. I clienti devono ritirare e consegnare il monopattino nella stessa stazione.	○	○

....

	V	F
7. L'evento *Slow Food* Piemonte è arrivato alla decima edizione.	○	○
8. Uno degli obiettivi di *Slow Food* Piemonte è quello di valorizzare i prodotti del territorio.	○	○
9. Il tartufo di Alba ha avuto un ruolo speciale all'interno della manifestazione.	○	○
10. Gli organizzatori hanno dato poco spazio ai vini locali.	○	○
11. I visitatori interessati hanno potuto acquistare i loro prodotti preferiti.	○	○
12. La manifestazione si è conclusa con un discorso del Presidente della Provincia di Torino.	○	○

CILS B1 cittadinanza

 Leggi il testo.

Iscrizioni ai corsi di cucina CAST Alimenti
Per i corsi di specializzazione
L'iscrizione è completa quando CAST Alimenti riceve la scheda di iscrizione compilata correttamente. CAST Alimenti può decidere liberamente se attivare o meno un corso.

Per i Corsi di alta formazione
Per completare l'iscrizione ai corsi di alta formazione bisogna inviare a CAST Alimenti la regolare documentazione (sotto indicata), e fare i pagamenti (sotto indicati). La scuola può accettare o rifiutare l'iscrizione dei candidati.

La documentazione richiesta è la seguente:
- scheda di iscrizione correttamente compilata (tramite procedura on line dal sito);
- pagamento a CAST Alimenti della quota d'iscrizione o di un acconto del 30%;
- copia della carta di identità;
- copia del codice fiscale;
- copia di eventuale permesso di soggiorno/visto di ingresso in Italia;
- curriculum vitae con fototessera del candidato.

Per iscriversi online ai corsi è necessario prima di tutto registrarsi al sito, scegliere il corso e aggiungere l'edizione desiderata al carrello. A questo punto è possibile procedere con il pagamento dell'acconto e scegliere tra pagamento con bonifico o carta di credito.
È possibile richiedere informazioni sulla scuola e sui corsi al nostro numero di telefono. Gli operatori rispondono tutti i giorni dalle 8:00 alle 12:30 e dalle 14:00 alle 18:00.

(adattato da https://www.castalimenti.it/Iscrizioni-corsi-di-cucina 01/07/2020)

COMPRENSIONE DELLA LETTURA E RIFLESSIONE GRAMMATICALE - PROVA N.1

Leggi il testo e indica se le informazioni sono vere o false.

	V	F
1. L' iscrizione ai corsi di specializzazione non è completa se la scheda di iscrizione presenta errori.	○	○
2. La scuola accetta tutte le iscrizioni che riceve dai candidati.	○	○
3. La scheda di iscrizione è disponibile solo in versione cartacea.	○	○
4. Per iscriversi ai corsi di alta formazione è necessario pagare almeno il 30% della quota.	○	○
5. I cittadini stranieri devono dimostrare di essere in regola con i documenti.	○	○
6. La scuola non richiede informazioni riguardo l'esperienza professionale e accademica dei candidati.	○	○
7. È possibile iscriversi alla scuola dal sito internet.	○	○
8. Al momento dell'iscrizione online a un corso i candidati possono scegliere di iscriversi senza creare un account.	○	○
9. I candidati possono scegliere di pagare l'importo online.	○	○
10. La scuola accetta assegni intestati a CAST Alimenti.	○	○
11. Gli operatori lavorano tutto il giorno.	○	○
12. Gli operatori lavorano anche nel fine settimana.	○	○

CILS B1 cittadinanza
COMPRENSIONE DELLA LETTURA E RIFLESSIONE GRAMMATICALE - PROVA N.2

 Completa il testo. Scegli una delle proposte di completamento.

ITALIANI ALL'ESTERO: QUANTI SONO, DOVE SONO ANDATI E QUANDO SONO PARTITI

Per _____ogni_____ $_0$ cento italiani che vivono nel nostro Paese, quasi nove invece vivono all'estero. Secondo i numeri della Fondazione *Migrantes* nel suo ultimo _____$_1$ sono infatti poco meno di 5,3 milioni gli iscritti all'AIRE (Anagrafe Italiani Residenti all'Estero), che cioè hanno segnalato allo stato di vivere all'estero.

La comunità più _____$_2$, ci dicono le statistiche, è _____$_3$ che vive oggi in Argentina e include quasi 850mila persone. Seguono due nazioni europee – Germania e Svizzera – con numeri leggermente inferiori, poi ancora una nazione sudamericana come il Brasile e infine la Francia a chiudere le prime cinque _____$_4$.

Ma gli italiani nel tempo _____$_5$ praticamente in ogni parte del mondo. Dalle più densamente popolate, come alcune metropoli degli Stati Uniti, fino a luoghi remoti come l'arcipelago Tristan da Cunha in mezzo all'Oceano Atlantico, dove due degli otto cognomi presenti _____$_6$ di origine genovese.

Queste oltre cinque milioni di persone sono il risultato di emigrazioni diverse sotto tanti aspetti. La storia dell'emigrazione italiana è molto lunga e inizia con l'unità d'Italia nel XIX secolo.

Un altro flusso importante è stato nei primi anni del Novecento, negli anni Settanta e, infine, dopo la crisi del 2008.

(adattato da https://www.infodata.ilsole24ore.com/2019/11/15/gli-italiani-allestero/?refresh_ce=1 01/07/2020)

0.	A) ogni	B) alcuni	C) tutti
1.	A) racconto	B) rapporto	C) documentario
2.	A) ampia	B) enorme	C) gigantesca
3.	A) questa	B) qualche	C) quella
4.	A) città	B) destinazioni	C) locazioni
5.	A) sono arrivati	B) arrivano	C) arriverebbero
6.	A) è	B) sono	C) sono stati

140

PRODUZIONE SCRITTA - PROVA N.1

Scegli uno dei seguenti argomenti. Devi scrivere da 80 a 120 parole.

1. Tu e la tua famiglia vi dovete trasferire in un'altra città. Scrivi una e-mail alla scuola di tuo figlio per spiegare la situazione e chiedere quali documenti sono necessari per il trasferimento scolastico.

2. Hai appena scoperto di avere alcuni parenti in una città italiana. Scrivi una e-mail al comune per chiedere informazioni e aiuto per entrare in contatto con i tuoi parenti.

percorso CILS B1 cittadinanza

PRODUZIONE ORALE

Produzione orale. Breve presentazione personale.

L' esaminatore rivolge alcune domande al candidato per guidarlo a una breve presentazione personale della durata di circa 1 minuto.

Ecco alcuni esempi:

- Come ti chiami?
- Quanti anni hai?
- Di dove sei?
- Quando hai cominciato a studiare l'italiano? Ti piace?
- Parli altre lingue?

Prova n. 1

La prova è una conversazione faccia a faccia con l'esaminatore. Il candidato deve scegliere uno dei seguenti argomenti e discutere con l'esaminatore per 2-3 minuti.

1 Hai mai vissuto in un Paese straniero? Quali sono gli aspetti positivi e quali quelli negativi?

2 Quali sono gli aspetti che consideri importanti quando scegli una casa? Il prezzo, la posizione, eventuali spazi esterni?

3 Hai mai partecipato a una riunione di condominio? Quali sono le principali differenze tra l'Italia e il tuo Paese?

4 Come funziona il Pronto Soccorso nel tuo Paese? L' ospedale accetta anche i non residenti? Sai come funziona in Italia?

ESAME N.2 - CHIAVI

Appendice Esame 2

Soluzioni

Ascolto - Prova n.1

| 1. B | 2. C | 3. A | 4. B | 5. B | 6. A |

Ascolto - Prova n.2

| 1. F | 2. V | 3. V | 4. F | 5. V | 6. F | 7. F | 8. V | 9. V | 10. F | 11. V | 12. F |

Comprensione della lettura e riflessione grammaticale - Prova n.1

| 1. V | 2. F | 3. F | 4. V | 5. V | 6. F | 7. V | 8. F | 9. V | 10. F | 11. F | 12. V |

Comprensione della lettura e riflessione grammaticale - Prova n.2

| 1. B | 2. A | 3. C | 4. B | 5. A | 6. B |

percorso CILS (B1) cittadinanza

Ascolto - Prova n.1

1
- **Scusi signora, sa dirmi dov'è una stazione ecologica? Ho bisogno di smaltire un vecchio cellulare.**
- Certo, in questa città ce ne sono due: una è proprio qui vicino.
- **Bene, come ci arrivo?**
- È semplicissimo, conosce la chiesa di Santa Maria? La stazione ecologica si trova proprio dietro la chiesa.

2
- **Ciao Umberto, sei libero stasera? Al cinema c'è il nuovo film di Nanni Moretti. Ti va di venire con me?**
- Ciao Susanna, mi dispiace, l'ho visto ieri!
- **Ah, che peccato! E dimmi, ti è piaciuto?**
- Mah... Rispetto agli altri film di Nanni Moretti questo film mi ha un po' deluso.

3
- **Buongiorno signora, potrei vedere il biglietto per favore?**
- Certo, ecco a lei. Io scendo a Ferrara, va bene questo biglietto?
- **Mi dispiace signora, Lei ha pagato fino a Bologna, deve pagare l'integrazione.**
- Non c'è problema, pago con la carta di credito.

4
- **Giorgia sei pronta per l'esame di matematica?**
- Beh Filippo, non proprio. Ho bisogno di ripassare ancora tutto il programma.
- **Ti va se studiamo insieme oggi pomeriggio?**
- Va bene, però dopo le quattro perché devo andare a un corso di pilates.

5
- **Buongiorno, avrei bisogno di qualcosa per questo brutto raffreddore.**
- Certo, ha anche la febbre?
- **Non penso, però ho una brutta tosse.**
- Allora deve prendere uno sciroppo per la tosse e un'aspirina per il raffreddore.

6
- **Buongiorno dottor Rossi, sarebbe disponibile per un colloquio martedì mattina?**
- Certo, a che ora?
- **Alle 11:00 presso la nostra sede di via Garibaldi. Porti un suo curriculum cartaceo e due fototessere.**
- Benissimo, ci vediamo alle 11:00 in punto.

TRASCRIZIONE ASCOLTI

Ascolto - Prova n.2

Testo 1

Arriva in città il servizio di *scooter sharing*, il monopattino in condivisione per raggiungere la tua destinazione in poco tempo nel totale rispetto dell'ambiente e delle persone che ti circondano. Tutti gli appassionati di monopattino da oggi possono prendere in affitto un monopattino in una delle venti stazioni presenti nella città. Per noleggiare il monopattino è necessario creare un account sul sito della compagnia "Eva". Una volta creato l'account, il sito internet manda un codice tramite e-mail che il cliente deve usare per ritirare il monopattino in una delle stazioni. Inoltre, sempre sul sito internet, i clienti possono creare un conto personale e versare una cifra fino a 50€ da utilizzare per i futuri noleggi.

Il costo del noleggio è di 5€ all'ora, ma è possibile noleggiare anche per un tempo inferiore sempre alla stessa cifra. C'è anche una tariffa giornaliera di 8 ore a 30€. Il Comune ha previsto, inoltre, degli sconti per gli studenti universitari del 20% e per gli over 65 ci sono addirittura sconti del 60%. I clienti possono ritirare e consegnare i monopattini in tutte le stazioni senza limitazioni.

In caso di problemi è possibile contattare l'azienda "Eva" al numero verde o via e-mail. Molto utile la app di *scooter sharing* che, tra le altre funzioni, dà la possibilità di scoprire la stazione di monopattini più vicina alla nostra posizione. *Scooter sharing*, per una città sempre più verde!

Testo 2

Si è conclusa ieri al Lingotto di Torino la prima edizione di *Slow Food* Piemonte, organizzata dalla Provincia di Torino in collaborazione con la Regione Piemonte.

L'iniziativa ha l'obiettivo di promuovere il cibo e i prodotti tipici piemontesi e di contrastare la diffusione del *fast food* e del cibo di bassa qualità.

Nei vari stand i produttori, i ristoratori, gli agricoltori e i viticoltori piemontesi hanno esposto i loro prodotti nel pieno rispetto della tradizione. Hanno dedicato molto spazio al tartufo di Alba, che ha avuto un grande successo tra i partecipanti, alle nocciole del Basso Piemonte e ai formaggi, tra i quali il Castelmagno, il Taleggio e la Toma Piemontese.

Inoltre, hanno avuto grande rilevanza i famosi vini della regione, dal Barolo al Barbaresco, dal Dolcetto d'Alba al Nebbiolo.

I partecipanti hanno potuto degustare tutti i prodotti e piatti locali e comprare le eccellenze del territorio. Molto interessanti anche le conferenze e i dibattiti a cui hanno partecipato esperti di ristorazione e gastronomia. Tra i temi trattati la valorizzazione dei prodotti del territorio e la rivisitazione delle tradizioni gastronomiche in chiave moderna. L'ultima giornata si è conclusa con un discorso del presidente della regione che ha voluto ringraziare tutti gli espositori e i visitatori.

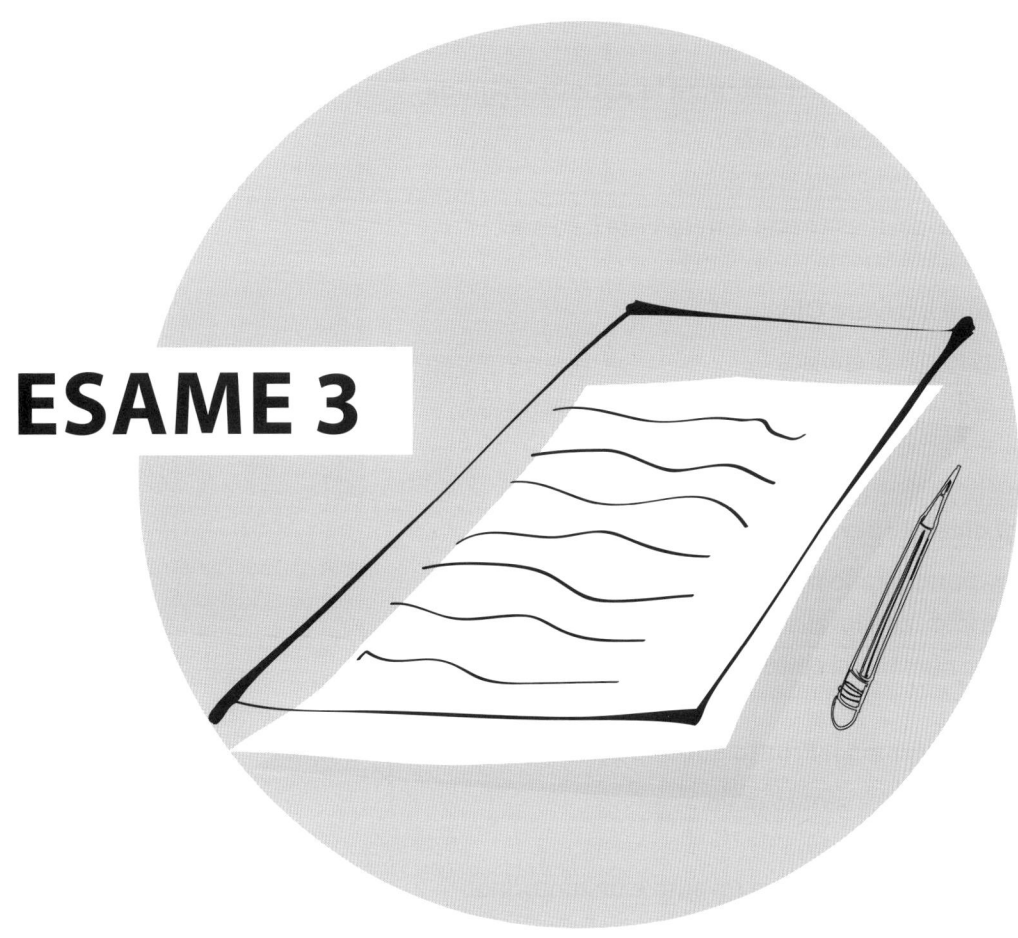

ESAME 3

- ASCOLTO
- COMPRENSIONE DELLA LETTURA E RIFLESSIONE GRAMMATICALE
- PRODUZIONE SCRITTA
- PRODUZIONE ORALE
- ESAME N.3 - CHIAVI
- TRASCRIZIONE ASCOLTI

ASCOLTO - PROVA N.1

Ascolta i testi. Poi completa le frasi. Scegli una delle tre proposte di completamento.

1 La studentessa chiama la segreteria per

a) iscriversi al corso di laurea di Lettere e Filosofia.
b) chiedere informazioni su come iscriversi a un esame.
c) chiedere informazioni sul suo profilo personale.

2 Il prezzo del corso per ottenere la patente di guida

a) include le lezioni di guida.
b) non include le lezioni di guida.
c) dipende dal mese in cui si frequenta il corso.

3 John può iscrivere Oliver

a) all'asilo che preferisce.
b) all'asilo che si trova nei pressi di casa sua.
c) all'asilo che consiglia Giovanna.

4 Luigi dice a Federica

a) di rappresentarlo nella riunione di condominio.
b) di andare con lui alla riunione di condominio.
c) che la riunione di condominio non gli interessa.

5 Il signore chiama il Pronto Soccorso perché

a) un ragazzo si è sentito male.
b) non si sente bene.
c) c'è stato uno scontro tra un'auto e un motorino.

6 Luisa dice che

a) è stata soddisfatta del servizio del fioraio "Il Bouquet".
b) "Il Bouquet" offre sconti del 50%.
c) "Il Bouquet" ha prezzi molto alti.

ASCOLTO - PROVA N. 2

Ascolta i testi. Poi leggi le informazioni. Indica se le informazioni sono vere o false.

	V	F
1. "Villa Serena" si trova nel centro della città di Viterbo.	○	○
2. "Villa Serena" nasce grazie alla collaborazione di studiosi dell'Università di Roma.	○	○
3. La struttura non è indicata a persone con problemi di cuore.	○	○
4. Prima di iniziare un percorso di dimagrimento i pazienti devono fare una visita specifica.	○	○
5. I pazienti di "Villa Serena" devono scegliere se usufruire del pranzo o della cena.	○	○
6. I pazienti non possono portare con loro animali domestici.	○	○
7. Il testo parla di un'iniziativa culturale in provincia di Cosenza.	○	○
8. Arminio ha visitato la città di Civita per la seconda volta.	○	○
9. Il titolo del libro di Franco Arminio è "Una piccola farmacia poetica".	○	○
10. L'incontro è avvenuto in un piccolo ristorante del posto.	○	○
11. L'imprenditoria locale ha finanziato l'iniziativa.	○	○
12. La serata si è conclusa con il discorso del Presidente della Provincia di Cosenza.	○	○

Leggi il testo.

INFORMAZIONI SULLE MODALITÀ DI PRENOTAZIONE E VARIAZIONI DEL TICKET - TRAGHETTI CIVITAVECCHIA

PASSEGGERI
Al momento dell'imbarco il cliente deve esibire il biglietto e un documento di identità in corso di validità, questo vale per tutti i passeggeri, compresi i minori. Per tutti i viaggi verso la Sardegna è obbligatorio compilare il modulo online "Sardegna Sicura".

BIGLIETTO
Il biglietto digitale o quello cartaceo hanno lo stesso valore. Puoi acquistare il tuo biglietto online e riceverlo all'indirizzo e-mail inserito durante la prenotazione. Al momento dell'imbarco, puoi mostrare il codice a barre presente sul ticket di viaggio direttamente dal tuo tablet o smartphone.

VARIAZIONI E PENALI
È possibile effettuare variazioni per i biglietti acquistati. "Tirrenia" prevede penali per le variazioni secondo precise normative.

VARIAZIONI EFFETTUATE FINO AL GIORNO PRIMA DELLA PARTENZA
In caso di modifica della data, linea o orario di partenza, non c'è nessuna penale, quando l'importo del nuovo biglietto è uguale o maggiore a quello precedente. Se l'importo del nuovo biglietto è inferiore, la compagnia applica una penale del 10% sull'intero importo del vecchio biglietto.

VARIAZIONI EFFETTUATE IL GIORNO STESSO DELLA PARTENZA
Tutte le variazioni richieste il giorno della partenza della nave, prima dell'orario di partenza, hanno una penale del 25%.

RINUNCIA AL VIAGGIO E RIMBORSO DEL BIGLIETTO
Per l'annullamento puoi inviarci una richiesta via e-mail e devi specificare che vuoi procedere all'annullamento della prenotazione

REGOLE GENERALI
In caso di rinuncia al viaggio, il passeggero ha diritto al rimborso del biglietto (ad eccezione dei biglietti a tariffa speciale cfr. art. 10 Condizioni di Trasporto), con applicazione delle seguenti penalità:
il 10% per i rimborsi richiesti fino al giorno precedente la partenza della nave;
il 25% per i rimborsi richiesti il giorno della partenza della nave e comunque prima della partenza nave.
I biglietti con tariffe speciali o promozionali, non sono rimborsabili.

(adattato da https://www.tirrenia.it/info-traghetti/prepara-i-documenti/ 08/07/2020)

COMPRENSIONE DELLA LETTURA E RIFLESSIONE GRAMMATICALE - PROVA N.1

Leggi il testo e indica se le informazioni sono vere o false.

	V	F
1. Il cliente è obbligato a mostrare il biglietto appena sale sul traghetto.	○	○
2. I passeggeri minorenni non devono esibire il documento d'identità.	○	○
3. I passeggeri diretti in Sardegna devono effettuare una procedura diversa.	○	○
4. Il cliente può scegliere tra biglietto elettronico o tradizionale.	○	○
5. Il cliente può scaricare il biglietto online dal suo account personale sul sito della compagnia.	○	○
6. Il cliente può usare il suo dispositivo elettronico per mostrare il biglietto.	○	○
7. Il cliente che desidera cambiare il biglietto il giorno prima della partenza ha sempre il 10% di penale.	○	○
8. Il cliente che desidera variare la sua prenotazione il giorno della partenza deve pagare una penale pari a un quarto del prezzo del biglietto.	○	○
9. Il cliente che vuole rinunciare al viaggio può contattare la compagnia via e-mail.	○	○
10. Il cliente che desidera cambiare il nome sul biglietto ha una penale del 15%.	○	○
11. Il cliente che desidera rinunciare al viaggio il giorno prima della partenza ha una penale del 25%.	○	○
12. Il cliente che ha acquistato un biglietto con tariffa speciale e desidera cancellare il viaggio ha una penale del 10%.	○	○

CILS B1 cittadinanza — COMPRENSIONE DELLA LETTURA E RIFLESSIONE GRAMMATICALE - PROVA N.2

Completa il testo. Scegli una delle proposte di completamento.

VACANZE ___ IN ___ ₀ ITALIA: ORA ALL'AUTOGRILL PANINO E CAFFÈ SI PRENOTANO CON L'APP

Panino, caffè, spremuta. Ma anche un piatto caldo: a partire ___₁ luglio sulla rete autostradale italiana, durante la pausa che interrompe i chilometri da percorrere, si può mangiare all'aperto e, soprattutto, senza fare lunghe ___₂ a causa del distanziamento che ancora il Covid-19 ci ___₃ negli spazi chiusi.

Autogrill lancia così un sistema che ha come obiettivo quello di ottenere ___₄ sanitaria, velocità e pagamento digitale, presto disponibile anche tramite Telepass.

Come funziona la app.

Si scarica *MyAutogrill* sul telefonino e, una volta individuata l'area di sosta prevista, aiutati dalla geolocalizzazione, si fanno gli acquisti. Gli operatori dell'autogrill preparano il pacchetto all'interno della struttura e il viaggiatore lo ritira e può consumarlo all'aperto o dove vuole.

E se voglio decidere all'ultimo momento?

Per ___₅ decide le soste all'ultimo momento, è possibile parcheggiare, inquadrare il QR code della scheda esposta negli spazi auto con il telefonino e ordinare.

Il tempo di preparare il piatto o il caffè e il cliente riceve una notifica dell'ordine e la successiva comunicazione che il tutto è pronto per essere ritirato. Il tempo di permanenza all'interno dell'Autogrill è ___₆ a poche decine di secondi. La app è in via di sperimentazione e da metà luglio è disponibile in 45 punti vendita autostradali.

(adattato da https://www.iodonna.it/lifestyle/viaggi/2020/06/29/autogrill-app-coronavirus-prenotazioni-take-away/ 08/07/2020)

0.	A) a	B) in	C) da
1.	A) da	B) di	C) in
2.	A) file	B) linee	C) strisce
3.	A) imponiamo	B) impongono	C) impone
4.	A) tranquillità	B) sicurezza	C) serenità
5.	A) chi	B) qualcuno	C) quello
6.	A) delimitato	B) limitato	C) circondato

PRODUZIONE SCRITTA - PROVA N.1

Scegli uno dei seguenti argomenti. Devi scrivere da 80 a 120 parole.

1 Hai un problema con la tua caldaia. Scrivi una e-mail al tuo idraulico, spiegagli il problema e chiedigli un pronto intervento.

2 Hai ricevuto il nuovo tavolo della cucina ma ha un piede rotto. Scrivi una e-mail al mobilificio, descrivi il problema e chiedi la sostituzione o il rimborso della somma spesa.

percorso CILS (B1) cittadinanza — PRODUZIONE ORALE

Produzione orale. Breve presentazione personale.

L' esaminatore rivolge alcune domande al candidato per guidarlo a una breve presentazione personale della durata di circa 1 minuto.

Ecco alcuni esempi:

- Come ti chiami?
- Quanti anni hai?
- Di dove sei?
- Ti ricordi un bel viaggio che hai fatto?
- Un viaggio che non rifaresti?

Prova n. 1

La prova è una conversazione faccia a faccia con l'esaminatore. Il candidato deve scegliere uno dei seguenti argomenti e discutere con l'esaminatore per 2-3 minuti.

1 Il tuo Paese come ha gestito l'emergenza del Covid-19? Quali differenze ci sono state rispetto all'Italia?

2 Quali mezzi di trasporto preferisci per viaggiare? Perché?

3 Quali personaggi italiani sono famosi anche nel tuo Paese? Conosci altre celebrità italiane?

4 Qual è la procedura per ottenere la cittadinanza italiana? Quali documenti sono necessari? Quali sono le difficoltà?

Appendice Esame 3

Soluzioni

Ascolto - Prova n.1

| 1. B | 2. A | 3. B | 4. A | 5. C | 6. A |

Ascolto - Prova n.2

| 1. V | 2. V | 3. F | 4. V | 5. F | 6. F | 7. V | 8. F | 9. F | 10. V | 11. V | 12. F |

Comprensione della lettura e riflessione grammaticale - Prova n.1

| 1. V | 2. F | 3. V | 4. V | 5. F | 6. V | 7. F | 8. V | 9. V | 10. F | 11. F | 12. F |

Comprensione della lettura e riflessione grammaticale - Prova n.2

| 1. A | 2. A | 3. C | 4. B | 5. A | 6. B |

percorso CILS B1 cittadinanza

Ascolto - Prova n.1

1

- **Buongiorno, segreteria studenti? Avrei bisogno di alcune informazioni per iscrivermi a un esame.**
- Sì, buongiorno, Facoltà di Lettere e Filosofia, mi dica pure.
- **Dovrei iscrivermi all'esame di Letteratura Contemporanea, posso farlo online?**
- Certo, dal suo profilo personale selezioni l'esame che deve sostenere e può iscriversi lì.

2

- **Buongiorno, mio figlio ha appena compiuto diciotto anni e vorrei iscriverlo alla vostra scuola guida. Potrebbe darmi qualche informazione?**
- Buongiorno, certo. I nostri corsi iniziano il 6 di ogni mese, quando vorrebbe iniziare suo figlio?
- **Il prossimo mese sarebbe perfetto. Sa dirmi il prezzo completo del corso per ottenere la patente?**
- Il prezzo del corso con dieci lezioni di guida è di 1500€.

3

- **Ciao Giovanna, come stai? Vorrei chiederti qualche informazione per iscrivere Oliver all'asilo.**
- Ciao John, che bello che vi siete trasferiti in Italia! Devi cercare l'asilo più vicino a casa tua e compilare il modulo che trovi sul loro sito.
- **Quindi non posso scegliere l'asilo che voglio?**
- No, deve essere quello più vicino alla vostra residenza.

4

- **Ciao Luigi, hai ricevuto la lettera dell'amministratore del condominio?**
- Ciao Federica, no, non l'ho ricevuta. Che cosa dice?
- **C'è una riunione straordinaria domani sera, perché ci sono problemi con il sistema antincendio.**
- Davvero? Senti io non posso andare, va bene se ti do la delega?

5

- **Pronto Soccorso? Senta, avrei bisogno di un'ambulanza in via della Seta, c'è stato un incidente stradale.**
- Va bene, mi può spiegare meglio cosa è successo?
- **Un incidente tra una macchina e un motorino. Il ragazzo sul motorino è per terra e non si muove.**
- D'accordo, l'ambulanza arriva tra cinque minuti, mi raccomando non spostate il ragazzo.

6

- **Ciao Luisa, ti disturbo? Potresti consigliarmi un fioraio per il matrimonio di mia figlia Roberta?**
- Ciao Ferdinando, per il matrimonio di Antonietta noi siamo andati da "Il Bouquet" e ci siamo trovati benissimo, te lo consiglio assolutamente!
- **È molto caro?**
- Non ti preoccupare, digli che ti mando io, sicuramente ti fa un buono sconto.

TRASCRIZIONE ASCOLTI

Ascolto - Prova n.2

Testo 1

"Villa Serena". Nel cuore di Viterbo un nuovo centro benessere specializzato nel dimagrimento. Offre servizi personalizzati per i pazienti che hanno necessità di perdere peso e per tutti quelli che vogliono modellare il loro corpo. La struttura nasce dalla collaborazione di esperti dietologi e nutrizionisti dell'Università di Roma con il patrocinio della provincia e del comune di Viterbo. La struttura offre valutazione scientifica del percorso di dimagrimento e prevenzione dei problemi cardiovascolari. Ogni percorso inizia con una visita medica obbligatoria e i pazienti usufruiscono di assistenza terapeutica durante tutta la durata della cura. Successivamente c'è la prima visita specialistica dietologica, seguita da visita cardiologica ed elettrocardiogramma a riposo. I pazienti possono scegliere tra alcuni servizi opzionali, tra i quali un personal trainer per l'attività di cardio fitness in palestra o in piscina. Molto popolare anche il percorso di training autogeno per rendere l'esperienza più proficua. "Villa Serena", inoltre, offre servizi come un centro benessere, una spa e una palestra con tutte le più moderne attrezzature. Per quanto riguarda il pernottamento sono disponibili camere matrimoniali, singole e doppie, tutte dotate di aria condizionata e TV satellitare. Disponibile trattamento di pensione completa o mezza pensione. Per il tempo libero gli ospiti hanno a disposizione un autonoleggio, un noleggio di bici, campi da golf e visite guidate nella provincia di Viterbo. Sono ammessi animali di piccola taglia. "Villa Serena", il tuo percorso verso un nuovo giorno.

Testo 2

La città di Civita, in provincia di Cosenza, ha accolto i versi di Franco Arminio. Il celebre paesologo, ieri sera, ha intrattenuto gli spettatori insieme al musicista Peppe Mazzotta.
Durante la serata Arminio ha presentato il suo nuovo libro "La cura dello sguardo", edito da Bompiani. Il paesologo ama definire il suo libro "una piccola farmacia poetica". In questo libro Arminio descrive i problemi dell'Italia, Paese che lui ha attraversato in lungo e in largo, dove ha ascoltato le persone, i loro problemi, le loro angosce e le loro speranze.
L'incontro è avvenuto nel giardino del ristorante "L'Oste d'Arberia", grazie al forte impegno dell'associazione culturale "Gennaro Placco". Le poesie di Arminio sono state accompagnate dal musicista calabrese Peppe Mazzotta. L'evento è stato possibile anche grazie al supporto delle principali aziende della zona. L'opera di Arminio è centrata sull'importanza della riflessione personale e sul contributo che ognuno di noi può dare per un mondo migliore. La serata si è conclusa con l'intervento del sindaco di Civita, che ha ringraziato Arminio per l'evento e tutti i partecipanti per l'entusiasmo con cui hanno accolto l'iniziativa.

APPENDICE GRAMMATICALE

1. La formazione delle parole

I sostantivi del primo gruppo

Sostantivi in -o e sostantivi in -a

Maschile Singolare	Maschile Plurale
Ragazzo	Ragazzi
Passaporto	Passaporti
Treno	Treni
Aeroporto	Aeroporti

Femminile Singolare	Femminile Plurale
Lingua	Lingue
Casa	Case
Ragazza	Ragazze
Caserma	Caserme

I sostantivi del secondo gruppo

Sostantivi in -e

Maschile Singolare	Maschile Plurale
Studente	Studenti
Mese	Mesi
Mare	Mari
Esame	Esami

Femminile Singolare	Femminile Plurale
Certificazione	Certificazioni
Lezione	Lezioni
Regione	Regioni
Religione	Religioni

Attenzione, alcuni sostantivi fanno eccezione rispetto alla regola sopra indicata:

- nomi maschili in -ma: il problema (singolare), i problemi (plurale);
- i nomi in -ista maschile e femminile al singolare sono uguali: il farmacista (maschile), la farmacista (femminile). Al plurale: i farmacisti (maschile), le farmaciste (femminile);
- nomi femminili in -o: la mano (singolare), le mani (plurale).

Per riassumere:

Sostantivi	Singolare	Plurale
Femminile in	-a	-e
Maschile in	-o	-i
Maschile e femminile in	-e	-i
Maschile in	-a	-i
Femminile in	-o	-i

Attenzione! Alcuni sostantivi hanno il plurale uguale al singolare:

	Singolare	Plurale
I sostantivi con l'accento sull'ultima vocale	Il caffè, l'università	I caffè, le università
I sostantivi che terminano in consonante	Il bar, il film	I bar, i film
I sostantivi femminili in -i	La crisi, l'analisi	Le crisi, le analisi
Alcuni sostantivi maschili in -ma	Il cinema	I cinema
Alcuni sostantivi femminili in -o	La radio	Le radio

2. Gli articoli determinativi

Maschile

	Prima di una consonante (b, c, d...)	Prima di una vocale	Prima di z, gn, ps, pn, x, y, s+consonante
Singolare	IL	L'	LO
Plurale	I	GLI	GLI

Femminile

	Prima di una consonante (b, c, d...)	Prima di una vocale
Singolare	LA	L'
Plurale	LE	LE

3. Gli articoli indeterminativi

Maschile

	Prima di una vocale o consonante	Prima di z, gn, ps, pn,x,y, s+consonante
Singolare	UN	UNO

Femminile

	Prima di una consonante	Prima di una vocale
Singolare	UNA	UN'

4. Gli aggettivi

Primo gruppo

SINGOLARE		PLURALE	
maschile (-o)	**femminile (-a)**	**maschile (-i)**	**femminile (-e)**
ITALIANO	ITALIANA	ITALIANI	ITALIANE
CORRETTO	CORRETTA	CORRETTI	CORRETTE
BUONO	BUONA	BUONI	BUONE

Secondo gruppo

SINGOLARE		PLURALE	
maschile	**femminile**	**maschile**	**femminile**
-E		-I	
INGLESE		INGLESI	
GRANDE		GRANDI	
IMPORTANTE		IMPORTANTI	
SVEDESE		SVEDESI	

Attenzione!

- Gli aggettivi in -ista sono uguali al maschile e femminile singolare e mantengono, invece, la distinzione maschile/femminile al plurale: egoista (maschile e femminile singolare), egoisti (maschile plurale), egoiste (femminile plurale);
- alcuni aggettivi che indicano il colore hanno un'unica forma sia al singolare che al plurale: blu, rosa, viola.

5. I comparativi

Comparativi di maggioranza e minoranza

- Paragone tra due nomi: più/meno + aggettivo + di
  Esempi:
  La coca cola è più frizzante dell'acqua.
  Luigi è meno agile di Antonio.

- Paragone tra due aggettivi: più/meno + che
  Esempi:
  La tua giacca è più vistosa che bella.
  Marco è meno bello che intelligente.

- Paragone tra due verbi: più/meno + che
  Esempi:
  Mi piace più nuotare che correre.
  Cucinare mi piace meno che mangiare.

Comparativi di uguaglianza
Si esprimono con: come o quanto.
Esempi:
Veronica è alta quanto Vittoria.
Vincenzo è intelligente come Sandro.

6. Il superlativo relativo e assoluto

Il superlativo relativo di maggioranza

- Articolo + più + aggettivo + di
  Esempio: *Antonio è il più alto del gruppo.*

- Articolo + nome + più + aggettivo + di
  Esempio: *Antonio è il ragazzo più alto del gruppo.*

Il superlativo relativo di minoranza

- Articolo + nome + meno + aggettivo + di
  Esempio: *Questo è il film meno bello di Nanni Moretti.*

- Articolo + meno + aggettivo + di
  Esempio: *Antonio è il meno bravo della classe.*

Il superlativo assoluto

Si forma con il suffisso - issimo / -issima / - issimi / -issime.

Esempi:

Roma è una città bellissima.
Questo è un parco grandissimo.
I tuoi fiori sono bellissimi.
Le figlie di Lucia sono simpaticissime.

Si può formare anche con "molto".
Esempio: *la tua casa è molto bella.*
Alcuni aggettivi in italiano hanno una forma regolare e una irregolare.

Aggettivo	Superlativo relativo		Superlativo assoluto	
	Regolare	Irregolare	Regolare	Irregolare
Buono	Il più buono	Il migliore	Buonissimo	Ottimo
Cattivo	Il più cattivo	Il peggiore	Cattivissimo	Pessimo
Grande	Il più grande	Il maggiore	Grandissimo	Massimo
Piccolo	Il più piccolo	Il minore	Piccolissimo	Minimo
Alto	Il più alto	Il superiore	Altissimo	Supremo
Basso	Il più basso	L'inferiore	Bassissimo	Infimo

7. Aggettivi e pronomi possessivi

	Maschile singolare	Maschile plurale	Femminile singolare	Femminile plurale
Io	il mio	i miei	la mia	le mie
Tu	il tuo	i tuoi	la tua	le tue
Lui/lei	il suo	i suoi	la sua	le sue
Noi	il nostro	i nostri	la nostra	le nostre
Voi	il vostro	i vostri	la vostra	le vostre
Loro	il loro	i loro	la loro	le loro

Di solito gli aggettivi possessivi sono preceduti dall'articolo determinativo, tranne in alcuni casi:

- prima dei nomi di parentela al singolare: mio fratello, mia madre, mio padre. Fa eccezione il possessivo "loro", che vuole l'articolo determinativo anche al singolare: *la loro sorella*; fanno eccezione anche i nomi "mamma" e "papà", che si usano con l'articolo: *la mia mamma, il suo papà*.

- con i sostantivi "casa" e "colpa" seguono il sostantivo e non hanno l'articolo: *andiamo a casa mia / non è colpa tua*.

8. Aggettivi e pronomi dimostrativi

	Maschile singolare	Maschile plurale	Femminile singolare	Femminile plurale
Indica vicinanza	questo	questi	questa	queste
Indica lontananza	quello	quelli	quella	quelle

Attenzione: quando "quello" è aggettivo si comporta in maniera simile all'articolo determinativo.

il passaporto	quel passaporto
l'aeroporto	quell'aeroporto
lo studente	quello studente
la certificazione	quella certificazione
l'ambulanza	quell'ambulanza
i poliziotti	quei poliziotti
gli studenti	quegli studenti
le case	quelle case

Esempi (aggettivo):
Questo libro è tuo.
Quell'armadio è molto grande.
Laura vive in quella casa.
Questa stanza è spaziosa.

Esempi (pronome):
La tua stanza è quella.
A questo non ci avevo pensato.
Quello è un altro discorso.
Questa è la spiaggia più bella.

9. Gli aggettivi e i pronomi indefiniti

- *Ogni* (aggettivo) si usa con cose e persone ed è sempre seguito da un sostantivo singolare:
  Esempi: *vado a messa ogni domenica / ogni studente può partecipare alla festa della scuola.*

- *Ciascuno* (aggettivo e pronome) si usa solo con persone e ha solo la forma al maschile singolare e al femminile singolare.
  Esempi (aggettivo): *ciascuna ragazza ha un vestito differente / ciascuno spazio è destinato a un'azienda diversa / ciascun uomo è libero di fare quello che vuole.*
  Esempi (pronome): *a ciascuno il suo libro / prendete un libro ciascuna.*

- *Nessuno* (aggettivo e pronome) si usa con cose e persone e ha solo la forma maschile singolare e femminile singolare.
  Esempi (aggettivo): *nessuna persona può alzare la voce qui dentro / nessun' aula è dotata di lavagna elettronica / nessun amico mi ha chiamato / nessuno stadio è sicuro durante questo periodo.*
  Esempi (pronome): *non è venuto nessuno / nessuna ha parlato.*

- *Qualche* (aggettivo) si usa con cose e persone ed è sempre seguito da un sostantivo singolare.
  Esempi: *ho comprato qualche pianta / qualche studente è andato a parlare con il professore.*

10. I pronomi

I pronomi personali soggetto

Prima persona singolare	IO
Seconda persona singolare	TU
Terza persona singolare maschile	LUI
Terza persona singolare femminile	LEI
Terza persona singolare formale	LEI
Prima persona plurale	NOI
Seconda persona plurale	VOI
Terza persona singolare	LORO

I pronomi oggetto diretto

Prima persona singolare	MI
Seconda persona singolare	TI
Terza persona singolare maschile	LO
Terza persona singolare femminile	LA
Terza persona singolare formale	LA
Prima persona plurale	CI
Seconda persona plurale	VI
Terza persona plurale maschile	LI
Terza persona plurale femminile	LE

I pronomi oggetto indiretto

Prima persona singolare	MI
Seconda persona singolare	TI
Terza persona singolare maschile	GLI
Terza persona singolare femminile	LE
Terza persona singolare formale	LE
Prima persona plurale	CI
Seconda persona plurale	VI
Terza persona plurale maschile	GLI
Terza persona plurale femminile	GLI

I pronomi riflessivi

Prima persona singolare	MI
Seconda persona singolare	TI
Terza persona singolare maschile	SI
Terza persona singolare femminile	SI
Terza persona singolare formale	SI
Prima persona plurale	CI
Seconda persona plurale	VI
Terza persona plurale maschile	SI
Terza persona plurale femminile	SI

I pronomi personali dopo una preposizione

Prima persona singolare	ME
Seconda persona singolare	TE
Terza persona singolare maschile	LUI
Terza persona singolare femminile	LEI
Terza persona singolare formale	LEI
Prima persona plurale	NOI
Seconda persona plurale	VOI
Terza persona plurale maschile	LORO
Terza persona plurale femminile	LORO

11. Le preposizioni articolate

	IL	LO	L'	LA	I	GLI	LE
DI	DEL	DELLO	DELL'	DELLA	DEI	DEGLI	DELLE
A	AL	ALLO	ALL'	ALLA	AI	AGLI	ALLE
DA	DAL	DALLO	DALL'	DALLA	DAI	DAGLI	DALLE
IN	NEL	NELLO	NELL'	NELLA	NEI	NEGLI	NELLE
SU	SUL	SULLO	SULL'	SULLA	SUI	SUGLI	SULLE

Nota bene: le preposizioni *con, per, tra/fra* quando si usano con l'articolo mantengono la forma separata.

12. I verbi

INDICATIVO PRESENTE

Alcuni verbi regolari - forma attiva

	ARRIVARE	**PRENDERE**	**PARTIRE**
IO	ARRIVO	PRENDO	PARTO
TU	ARRIVI	PRENDI	PARTI
LUI/LEI	ARRIVA	PRENDE	PARTE
NOI	ARRIVIAMO	PRENDIAMO	PARTIAMO
VOI	ARRIVATE	PRENDETE	PARTITE
LORO	ARRIVANO	PRENDONO	PARTONO

Forma riflessiva

	LAVARSI	**METTERSI**	**VESTIRSI**
IO	MI LAVO	MI METTO	MI VESTO
TU	TI LAVI	TI METTI	TI VESTI
LUI/LEI	SI LAVA	SI METTE	SI VESTE
NOI	CI LAVIAMO	CI METTIAMO	CI VESTIAMO
VOI	VI LAVATE	VI METTETE	VI VESTITE
LORO	SI LAVANO	SI METTONO	SI VESTONO

Alcuni verbi irregolari – forma attiva

	ESSERE	**AVERE**	**DARE**
IO	SONO	HO	DO
TU	SEI	HAI	DAI
LUI/LEI	È	HA	DAI
NOI	SIAMO	ABBIAMO	DIAMO
VOI	SIETE	AVETE	DATE
LORO	SONO	HANNO	DANNO

	FARE	**STARE**	**ANDARE**
IO	FACCIO	STO	VADO
TU	FAI	STAI	VAI
LUI/LEI	FA	STA	VA
NOI	FACCIAMO	STIAMO	ANDIAMO
VOI	FATE	STATE	ANDATE
LORO	FANNO	STANNO	VANNO

	POTERE	**SAPERE**	**BERE**
IO	POSSO	SO	BEVO
TU	PUOI	SAI	BEVI
LUI/LEI	PUÒ	SA	BEVE
NOI	POSSIAMO	SAPPIAMO	BEVIAMO
VOI	POTETE	SAPETE	BEVETE
LORO	POSSONO	SANNO	BEVONO

APPENDICE GRAMMATICALE

	DIRE	VENIRE
IO	DICO	VENGO
TU	DICI	VIENI
LUI/LEI	DICE	VIENE
NOI	DICIAMO	VENIAMO
VOI	DITE	VENITE
LORO	DICONO	VENGONO

	DOVERE	VOLERE
IO	DEVO	VOGLIO
TU	DEVI	VUOI
LUI/LEI	DEVE	VUOLE
NOI	DOBBIAMO	VOGLIAMO
VOI	DOVETE	VOLETE
LORO	DEVONO	VOGLIONO

PASSATO PROSSIMO

Alcuni verbi regolari - forma attiva

	ARRIVARE	PRENDERE	PARTIRE
IO	SONO ARRIVATO/A	HO PRESO	SONO PARTITO/A
TU	SEI ARRIVATO/A	HAI PRESO	SEI PARTITO/A
LUI/LEI	È ARRIVATO/A	HA PRESO	È PARTITO/A
NOI	SIAMO ARRIVATI/E	ABBIAMO PRESO	SIAMO PARTITI/E
VOI	SIETE ARRIVATI/E	AVETE PRESO	SIETE PARTITI/E
LORO	SONO ARRIVATI/E	HANNO PRESO	SONO PARTITI/E

Forma riflessiva

	LAVARSI	METTERSI	VESTIRSI
IO	MI SONO LAVATO/A	MI SONO MESSO/A	MI SONO VESTITO/A
TU	TI SEI LAVATO/A	TI SEI MESSO/A	TI SEI VESTITO/A
LUI/LEI	SI È LAVATO/A	SI È MESSO/A	SI È VESTITO/A
NOI	CI SIAMO LAVATI/E	CI SIAMO MESSI/E	CI SIAMO VESTITI/E
VOI	VI SIETE LAVATI/E	VI SIETE MESSI/E	VI SIETE VESTITI/E
LORO	SI SONO LAVATI/E	SI SONO MESSI/E	SI SONO VESTITI/E

Alcuni verbi irregolari - forma attiva

	ESSERE	AVERE	DARE
IO	SONO STATO/A	HO AVUTO	HO DATO
TU	SEI STATO/A	HAI AVUTO	HAI DATO
LUI/LEI	È STATO/A	HA AVUTO	HA DATO
NOI	SIAMO STATI/E	ABBIAMO AVUTO	ABBIAMO DATO
VOI	SIETE STATI/E	AVETE AVUTO	AVETE DATO
LORO	SONO STATI/E	HANNO AVUTO	HANNO DATO

	FARE	STARE	ANDARE
IO	HO FATTO	SONO STATO/A	SONO ANDATO/A
TU	HAI FATTO	SEI STATO/A	SEI ANDATO/A
LUI/LEI	HA FATTO	È STATO/A	È ANDATO/A
NOI	ABBIAMO FATTO	SIAMO STATI/E	SIAMO ANDATI/E
VOI	AVETE FATTO	SIETE STATI/E	SIETE ANDATI/E
LORO	HANNO FATTO	SONO STATI/E	SONO ANDATI/E

	POTERE	SAPERE	BERE
IO	HO POTUTO	HO SAPUTO	HO BEVUTO
TU	HAI POTUTO	HAI SAPUTO	HAI BEVUTO
LUI/LEI	HA POTUTO	HA SAPUTO	HA BEVUTO
NOI	ABBIAMO POTUTO	ABBIAMO SAPUTO	ABBIAMO BEVUTO
VOI	AVETE POTUTO	AVETE SAPUTO	AVETE BEVUTO
LORO	HANNO POTUTO	HANNO SAPUTO	HANNO BEVUTO

	DIRE	VENIRE
IO	HO DETTO	SONO VENUTO/A
TU	HAI DETTO	SEI VENUTO/A
LUI/LEI	HA DETTO	È VENUTO/A
NOI	ABBIAMO DETTO	SIAMO VENUTI/E
VOI	AVETE DETTO	SIETE VENUTI/E
LORO	HANNO DETTO	SONO VENUTI/E

	DOVERE	VOLERE
IO	HO DOVUTO	HO VOLUTO
TU	HAI DOVUTO	HAI VOLUTO
LUI/LEI	HA DOVUTO	HA VOLUTO
NOI	ABBIAMO DOVUTO	ABBIAMO VOLUTO
VOI	AVETE DOVUTO	AVETE VOLUTO
LORO	HANNO DOVUTO	HANNO VOLUTO

Alcuni participi irregolari

INFINITO	PARTICIPIO PASSATO
ACCENDERE	ACCESO
ACCORGERSI	ACCORTO
APRIRE	APERTO
BERE	BEVUTO
CHIEDERE	CHIESTO
CHIUDERE	CHIUSO
COGLIERE	COLTO
CORRERE	CORSO
DECIDERE	DECISO
DIFENDERE	DIFESO
DIPINGERE	DIPINTO
DIRE	DETTO

APPENDICE GRAMMATICALE

DISCUTERE	DISCUSSO
DIVIDERE	DIVISO
FARE	FATTO
GIUNGERE	GIUNTO
LEGGERE	LETTO
METTERE	MESSO
MORIRE	MORTO
MUOVERE	MOSSO
OFFRIRE	OFFERTO
PERDERE	PERSO
PIANGERE	PIANTO
PORRE	POSTO
PRENDERE	PRESO
RIDERE	RISO
RIMANERE	RIMASTO
RISPONDERE	RISPOSTO
ROMPERE	ROTTO
SCEGLIERE	SCELTO
SCENDERE	SCESO
SCIOGLIERE	SCIOLTO
SCRIVERE	SCRITTO
SPEGNERE	SPENTO
SPENDERE	SPESO
SPINGERE	SPINTO
STRINGERE	STRETTO
TOGLIERE	TOLTO
VEDERE	VISTO
VENIRE	VENUTO
VINCERE	VINTO
VIVERE	VISSUTO

IMPERATIVO

Alcuni verbi regolari

Imperativo affermativo

	ARRIVARE	PRENDERE	PARTIRE
TU	ARRIVA	PRENDI	PARTI
LEI	ARRIVI	PRENDA	PARTA
VOI	ARRIVATE	PRENDETE	PARTITE

Imperativo negativo

	ARRIVARE	PRENDERE	PARTIRE
TU	NON ARRIVARE	NON PRENDERE	NON PARTIRE
LEI	NON ARRIVI	NON PRENDA	NON PARTA
VOI	NON ARRIVATE	NON PRENDETE	NON PARTITE

percorso CILS B1 cittadinanza

Forma riflessiva

Imperativo affermativo

	LAVARSI	**METTERSI**	**VESTIRSI**
TU	LAVATI	METTITI	VESTITI
LEI	SI LAVI	SI METTA	SI VESTA
VOI	LAVATEVI	METTETEVI	VESTITEVI

Imperativo negativo

	LAVARSI	**METTERSI**	**VESTIRSI**
TU	NON LAVARTI/ NON TI LAVARE	NON METTERTI/ NON TI METTERE	NON VESTIRTI/ NON TI VESTIRE
LEI	NON SI LAVI	NON SI METTA	NON SI VESTA
VOI	NON LAVATEVI/ NON VI LAVATE	NON METTETEVI/ NON VI METTETE	NON VESTITEVI/ NON VI VESTITE

Alcuni verbi irregolari

Imperativo affermativo

	ESSERE	**AVERE**	**DARE**
TU	SII	ABBI	DA'/DAI
LUI/LEI	SIA	ABBIA	DIA
VOI	SIATE	ABBIATE	DATE

Imperativo negativo

	ESSERE	**AVERE**	**DARE**
TU	NON ESSERE	NON AVERE	NON DARE
LUI/LEI	NON SIA	NON ABBIA	NON DIA
VOI	NON SIATE	NON ABBIATE	NON DATE

Imperativo affermativo

	FARE	**STARE**	**ANDARE**
TU	FA'/FAI	STA'/STAI	VA'/VAI
LUI/LEI	FACCIA	STIA	VADA
VOI	FATE	STATE	ANDATE

Imperativo negativo

	FARE	**STARE**	**ANDARE**
TU	NON FARE	NON STARE	NON ANDARE
LUI/LEI	NON FACCIA	NON STIA	NON VADA
VOI	NON FATE	NON STATE	NON ANDATE

Imperativo affermativo

	POTERE	**SAPERE**	**BERE**
TU	----------------------	SAPPI	BEVI
LUI/LEI	----------------------	SAPPIA	BEVA
VOI	----------------------	SAPPIATE	BEVETE

APPENDICE GRAMMATICALE

Imperativo negativo

	POTERE	SAPERE	BERE
TU	--------------	NON SAPERE	NON BERE
LUI/LEI	--------------	NON SAPPIA	NON BEVA
VOI	--------------	NON SAPPIATE	NON BEVETE

Imperativo affermativo

	DIRE	VENIRE
TU	DI'	VIENI
LUI/LEI	DICA	VENGA
VOI	DITE	VENITE

Imperativo negativo

	DIRE	VENIRE
TU	NON DIRE	NON VENIRE
LUI/LEI	NON DICA	NON VENGA
VOI	NON DITE	NON VENITE

Imperativo affermativo

	DOVERE	VOLERE
TU	--------------	--------------
LUI/LEI	--------------	VOGLIA
VOI	--------------	VOGLIATE

Imperativo negativo

	DOVERE	VOLERE
TU	--------------	NON VOLERE
LUI/LEI	--------------	NON VOGLIA
VOI	--------------	NON VOGLIATE

IMPERFETTO

Alcuni verbi regolari - forma attiva

	ARRIVARE	PRENDERE	PARTIRE
IO	ARRIVAVO	PRENDEVO	PARTIVO
TU	ARRIVAVI	PRENDEVI	PARTIVI
LUI/LEI	ARRIVAVA	PRENDEVA	PARTIVA
NOI	ARRIVAVAMO	PRENDEVAMO	PARTIVAMO
VOI	ARRIVAVATE	PRENDEVATE	PARTIVATE
LORO	ARRIVAVANO	PRENDEVANO	PARTIVANO

Forma riflessiva

	LAVARSI	METTERSI	VESTIRSI
IO	MI LAVAVO	MI METTEVO	MI VESTIVO
TU	TI LAVAVI	TI METTEVI	TI VESTIVI
LUI/LEI	SI LAVAVA	SI METTEVA	SI VESTIVA
NOI	CI LAVAVAMO	CI METTEVAMO	CI VESTIVAMO
VOI	VI LAVAVATE	VI METTEVATE	VI VESTIVATE
LORO	SI LAVAVANO	SI METTEVANO	SI VESTIVANO

Alcuni verbi irregolari – forma attiva

	ESSERE	AVERE	DARE
IO	ERO	AVEVO	DAVO
TU	ERI	AVEVI	DAVI
LUI/LEI	ERA	AVEVA	DAVA
NOI	ERAVAMO	AVEVAMO	DAVAMO
VOI	ERAVATE	AVEVATE	DAVATE
LORO	ERANO	AVEVANO	DAVANO

	FARE	STARE	ANDARE
IO	FACEVO	STAVO	ANDAVO
TU	FACEVI	STAVI	ANDAVI
LUI/LEI	FACEVA	STAVA	ANDAVA
NOI	FACEVAMO	STAVAMO	ANDAVAMO
VOI	FACEVATE	STAVATE	ANDAVATE
LORO	FACEVANO	STAVANO	ANDAVANO

	POTERE	SAPERE	BERE
IO	POTEVO	SAPEVO	BEVEVO
TU	POTEVI	SAPEVI	BEVEVI
LUI/LEI	POTEVA	SAPEVA	BEVEVA
NOI	POTEVAMO	SAPEVAMO	BEVEVAMO
VOI	POTEVATE	SAPEVATE	BEVEVATE
LORO	POTEVANO	SAPEVANO	BEVEVANO

	DIRE	VENIRE
IO	DICEVO	VENIVO
TU	DICEVI	VENIVI
LUI/LEI	DICEVA	VENIVA
NOI	DICEVAMO	VENIVAMO
VOI	DICEVATE	VENIVATE
LORO	DICEVANO	VENIVANO

	DOVERE	VOLERE
IO	DOVEVO	VOLEVO
TU	DOVEVI	VOLEVI
LUI/LEI	DOVEVA	VOLEVA
NOI	DOVEVAMO	VOLEVAMO
VOI	DOVEVATE	VOLEVATE
LORO	DOVEVANO	VOLEVANO

CONDIZIONALE PRESENTE

Alcuni verbi regolari - forma attiva

	ARRIVARE	PRENDERE	PARTIRE
IO	ARRIVEREI	PRENDEREI	PARTIREI
TU	ARRIVERESTI	PRENDERESTI	PARTIRESTI
LUI/LEI	ARRIVEREBBE	PRENDEREBBE	PARTIREBBE
NOI	ARRIVEREMMO	PRENDEREMMO	PARTIREMMO
VOI	ARRIVERESTE	PRENDERESTE	PARTIRESTE
LORO	ARRIVEREBBERO	PRENDEREBBERO	PARTIREBBERO

Forma riflessiva

	LAVARSI	METTERSI	VESTIRSI
IO	MI LAVEREI	MI METTEREI	MI VESTIREI
TU	TI LAVERESTI	TI METTERESTI	TI VESTIRESTI
LUI/LEI	SI LAVEREBBE	SI METTEREBBE	SI VESTIREBBE
NOI	CI LAVEREMMO	CI METTEREMMO	CI VESTIREMMO
VOI	VI LAVERESTE	VI METTERESTE	VI VESTIRESTE
LORO	SI LAVEREBBERO	SI METTEREBBERO	SI VESTIREBBERO

Alcuni verbi irregolari – forma attiva

	ESSERE	AVERE	DARE
IO	SAREI	AVREI	DAREI
TU	SARESTI	AVRESTI	DARESTI
LUI/LEI	SAREBBE	AVREBBE	DAREBBE
NOI	SAREMMO	AVREMMO	DAREMMO
VOI	SARESTE	AVRESTE	DARESTE
LORO	SAREBBERO	AVREBBERO	DAREBBERO

	FARE	STARE	ANDARE
IO	FAREI	STAREI	ANDREI
TU	FARESTI	STARESTI	ANDRESTI
LUI/LEI	FAREBBE	STAREBBE	ANDREBBE
NOI	FAREMMO	STAREMMO	ANDREMMO
VOI	FARESTE	STARESTE	ANDRESTE
LORO	FAREBBERO	STAREBBERO	ANDREBBERO

	POTERE	**SAPERE**	**BERE**
IO	POTREI	SAPREI	BERREI
TU	POTRESTI	SAPRESTI	BERRESTI
LUI/LEI	POTREBBE	SAPREBBE	BERREBBE
NOI	POTREMMO	SAPREMMO	BERREMMO
VOI	POTRESTE	SAPRESTE	BERRESTE
LORO	POTREBBERO	SAPREBBERO	BERREBBERO

	DIRE	**VENIRE**
IO	DIREI	VERREI
TU	DIRESTI	VERRESTI
LUI/LEI	DIREBBE	VERREBBE
NOI	DIREMMO	VERREMMO
VOI	DIRESTE	VERRESTE
LORO	DIREBBERO	VERREBBERO

	DOVERE	**VOLERE**
IO	DOVREI	VORREI
TU	DOVRESTI	VORRESTI
LUI/LEI	DOVREBBE	VORREBBE
NOI	DOVREMMO	VORREMMO
VOI	DOVRESTE	VORRESTE
LORO	DOVREBBERO	VORREBBERO

L'unica proposta completa per superare gli esami Cils!

✔ Consigli utili per studenti e docenti
✔ Testi autentici
✔ Divisione delle prove per abilità
✔ Materiale audio online
✔ Chiavi delle attività
✔ Glossari in varie lingue